31歳からの

ほぼ0《ゼロ》円留学

まだ間に合う「学び直し」!

山本 知美

Yamamoto Tomomi

ビジネス社

はじめに

日本人は、どうして英語が話せないのでしょうか？

言語学的に見て英語と日本語の仕組みがまったく違うからとか、学校で受験英語しか教えないからだとか、いろいろ理由はあると思います。

わたし自身、英語の勉強で一番最初につまずいたのは、英語教育が本格的に始まる中学校1年。学校の授業が、圧倒的に「面白くない」のが理由でした。教科書の最初に出てくるのが「This is a pen.」「My name is Mary.」。教える側としては、英語の基本を説明するのに一番伝えやすい文章なのでしょう。

しかし、教わる側にとって、そんな授業内容から英語の面白さや魅力は感じられません。

そのうえ、英作文のテストでは、文章の意味は通じるのに「a」と「the」を入れ間違えただけで×、複数形にしなかっただけで×と、何でも減点方式。では、面白い表現をしたところは加点してくれるかといえば、そんな機転のきく英語教師と出会うことはありませんでした。

そんなわたしの転機となったのが、30代半ば、あるガイドブックの取材で訪れたハワイ。英語が苦手なわたしのために、カメラマンが通訳を兼ねてくれましたが、撮影もして通訳もしてというのは、土台無理な話。冷や汗をかきながら、前もって用意しておいた質問の英訳と、片言の英語で切り抜ける毎日でした。そこでは、学校で習った英語はほとんど通じません。授業で習った覚えのあるフレーズをそのまま口に出して、相手に嫌な顔をされることもありました。

あとでカメラマンから「間違ってはいないけど、あの言い方は相手に失礼ですよ」と注意を受けることも。だからといって、急に英語が話せるようにもならないし、仕事も待ってはくれません。恥をかき失敗を繰り返しながら続けていると、10日くらいで相手の言っていることがほとんど聞き取れ、質問を投げかけられるようになっていました。ほんの少しの変化ですが、英語が苦手なことをずっとコンプレックスに感じていたわたしにとって、大きな大きな変化でした。

しかし、残念ながらそこで取材が終了し帰国。わたしの英語力はまた退化していきましたが、「生きた英語の中で英語漬けになる」ことが語学力アップの一番の近道だと確信しました。

では、英語漬けの環境に身を置くにはどうしたらいいのでしょう？　手っとり早い方法は、海外留学。しかし、何十万、何百万もの留学費用をすぐにポンと出せるわけがありません。それを貯めるために、これから何年かかるのでしょうか？　もう、ワーキングホリデー対象年齢の30歳も越えているし……。そもそも、そうまでしないと英語は習得できないのでしょうか？

そんなことはありません。自己資金がほとんどなくても、今すぐ留学できる方法はあります。その名も、「31歳からのほぼ0円留学」。いくつになっても海外留学、英語習得をあきらめたくないあなたへ贈ります。

目次

第2章

番外編1　超初心者向き　日本にいながら英語漬けの国内英語村

第3章

中級編　食住無料！　最先端の自然派農業を学ぶボランティア留学

第4章

上級編　就労ビザ不要！　得意の語学を活かして留学

第5章

番外編2　青年海外協力隊という選択

序章

海外留学をあきらめたくないあなたへ

減り続ける日本人留学生

世界全体のグローバル化が急速に進み、どの国でも、それに対応できる人材育成が急務といわれている時代。その流れに乗り切れていない、はっきり言えば逆行しているともいえるのが日本です。

海外拠点を設置する企業に対し経済産業省が行った「グローバル人材育成に関するアンケート調査」（回答259社／2010年3月実施）によると、企業がもっとも課題と考えているのは「グローバル化を推進する国内人材の確保・育成」で、全体の74・1％を占めています。グローバル化に対応できる人材の育成に不可欠なのは、海外での経験と語学力。

しかし、そういった社会からの需要に逆行するように、日本人留学生の数は年々減っています。経済的にも外交的にも日本と結びつきの深い、アメリカ、中国、インド、韓国の留学生数と比較してみましょう。

ユーロ圏12カ国でヨーロッパ単一通貨「ユーロ」が流通開始、ソルトレークシティ冬季オリンピックや日韓共同サッカー・ワールドカップ開催と、世界的に大きな動きのあった

各国における海外留学の状況

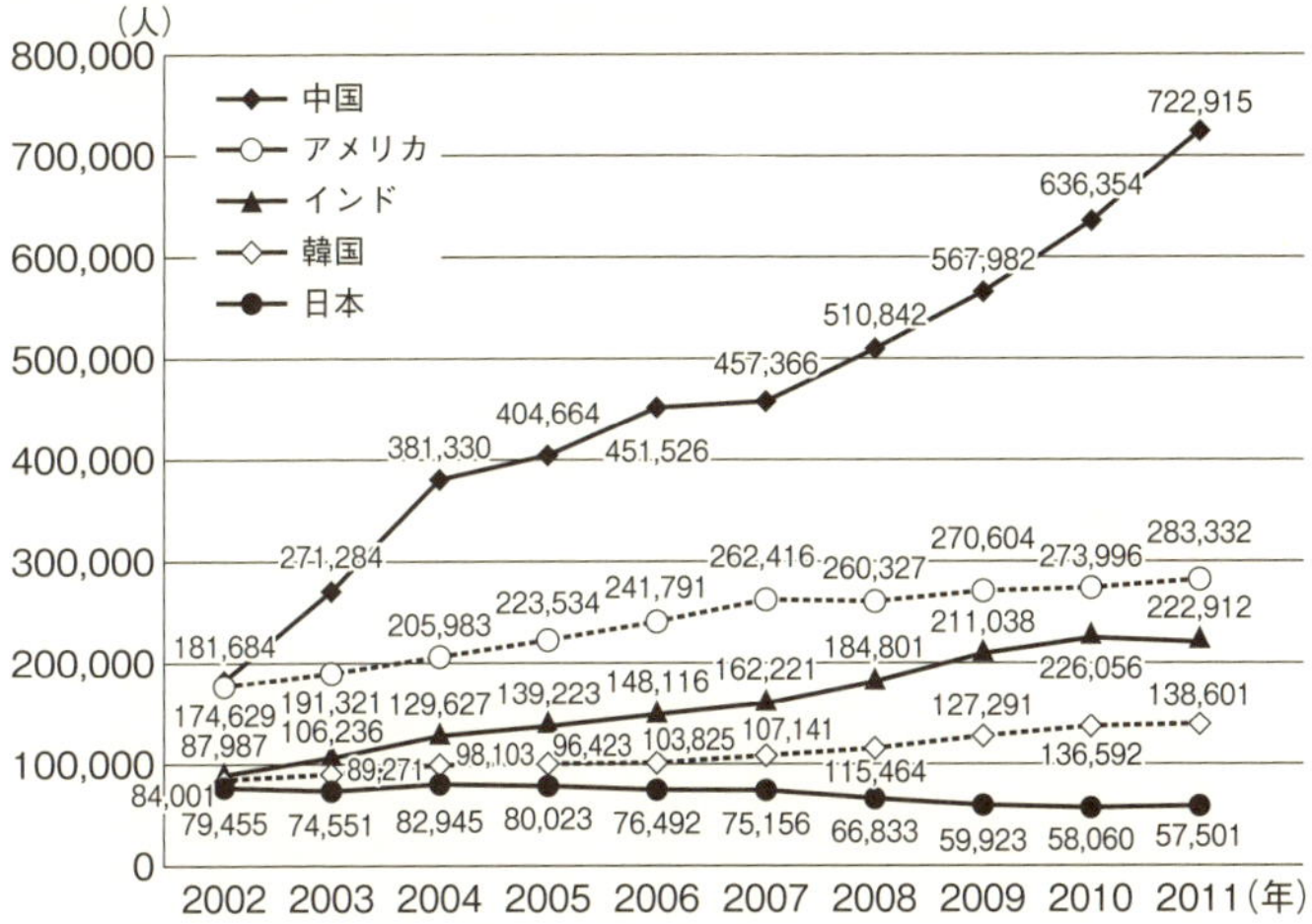

出典：米国はIIE「OPEN DOORS」、その他の国はOECD「Education at a Glance」、UNESCO「Institute for Statistics」

２００２年以降、多くの国で留学生の数は増加傾向にあります。しかし、唯一の例外ともいえるのが、日本でした。２００４年の８万３０００人をピークに、留学生数は急激に下降線をたどり、２０１１年には約30％減の５万７０００人にまで落ち込みました。

一方、ほかのアメリカ、中国、インド、韓国は順調に留学生数を伸ばし、特に中国はビザ緩和の影響もあり、ここ10年で4倍もの伸びを示しています。この中で、特筆したいのが、韓国の留学生数です。大国アメリカや、人口が10億人を優に超える中国やインドに対し、韓国の人口は日本の２分の１にも満たない５０００万人強。しかし、14万人近い留学生を海外に送り出しているのは、1997年に韓国政府が行った英語教育の抜本的改革が実を結んだ結果でしょう。

日本の文部科学省が高校生50万人に行ったアンケート「2011年度高等学校等における国際交流等の状況」では、約6割が「留学を希望しない」と答える結果となりました。「語学力を向上したい」「外国の人と友達になりたい」「外国の文化、スポーツ、歴史、自然等に触れたい」のいずれも50％を超え、語学の習得や海外生活への憧れは過半数の高校生が持っています。

しかし、それでも留学を希望しない理由として上がっているのが、「言葉の壁」(56％)そして「経済的に厳しい」(38％)でした。英語教育を受けている途中の高校生にとって「言葉の壁」という不安があるのは納得ですが、2位に「経済的に厳しい」が上がっているのが、今の日本の「留学氷河期」を如実に表しているのではないでしょうか。

▼海外留学を日本政府が後押し、でも……

2020年の東京オリンピック開催を控えた日本政府が、2013年6月に閣議決定した「第2期教育振興基本計画」の基本施策16―2「高校生・大学生等の留学生交流・国際交流の推進」では、以下の目標を掲げています。

日本人の海外留学者数の大幅な増加（2020年を目途に日本の海外留学生数を倍増（大学等：6万人から12万人、高校：3万人から6万人））を目指し、高校、大学等における留学機会を、将来グローバルに活躍する意欲と能力ある若者全員に与えるため、留学生の経済的負担を軽減するための寄附促進、給付を含む官民が協力した新たな仕組みを創設する。また、地域や高校、大学等における留学情報の収集・提供等の強化を実施するとともに、関係府省と連携し、就職・採用活動開始時期を変更し、留学しやすい環境を整備する。

さらに、様々な交流機会の提供（外国人留学生と日本人学生・若手社会人との知的交流の促進等）や、子どもたちに国際的な視野を持たせ、留学への機運を醸成する取り組みの充実等を図る。

その取り組みの一つとして、2014年より始まったのが、「トビタテ！留学JAPAN」。官民協働のもと、取り組む海外留学支援制度で、派遣留学生に選ばれた高校生・大学生は留学計画に沿った返済不要の奨学金が得られ、経済的負担を最小限に抑えた海外留学ができます。文部科学省は、この新たな制度によって、2020年までに約1万人の高校生、大学生を派遣留学生として海外に送り出す計画です。

では、社会人が留学するとしたら、どうでしょうか。欧米での一般的な語学留学は、国によって多少の差はありますが、1カ月で20~30万円。比較的留学費用が高額なアメリカやイギリスにいたっては、3カ月で100万円を超えることも珍しくありません。

日本のグローバル化は急務といわれているのに、日本政府が後押しするのは、高校生や大学生など若い世代を対象とした語学研修や海外留学ばかりです。企業や団体の奨学金制度も同様に、学生を対象としたものや年齢制限があったりと、社会人が利用できるものは限られています。

「だったら、ワーキングホリデーを利用すればいい」と思った人も多いでしょう。もともとワーキングホリデーとは、日本と相手国との協定によって、「青年」が海外での休暇を楽しみながら、滞在資金を得るために一定の就労も認められるという特別な制度です。その「青年」に該当する年齢が申請時に18歳以上~25歳、もしくは30歳以下なのです。

日々の勉強や仕事に忙殺され、いつかは留学したいと思っていたのに、気付いたら30歳オーバー。真面目で働き者な人ほど陥りやすい「留学難民」になったら、高額な留学費用をすべて自己負担しなければいけないのでしょうか？　それとも、留学自体をあきらめなくてはいけないのでしょうか？　そんなことはありません！　海外留学するにあたって大きく立ちはだかる「31歳の壁」を、軽やかに飛び越える方法があります。

ワーホリ対象外31歳からの海外留学

ワーキングホリデー対象となる年齢を超え、ましてや高校生でも大学生でもないけれど、海外留学をしたいという人に提案するのが、「0円留学」、つまり働きながら留学です。

例えば、フィリピン。英語が公用語で、物価や人件費の安いフィリピンは今、海外留学先として人気で、日本からの留学生数を大幅に伸ばしています。

日本とは飛行機で4時間半と近く、時差は1時間。LCC（格安航空会社）も就航し、日本資本のホテルも次々と誕生と、日本にとってフィリピンはより身近な国となりました。そこの語学学校で受けられる授業は、超英語初級者でも心配ない基本マンツーマン・レッスン。物価・人件費が安いため、授業料・宿泊費・生活費すべて含めても月10万円程度と、欧米での語学留学の3分の1しかかかりません。それが、日本人留学生から支持を受けて

フィリピンにおける日本人留学生数の推移

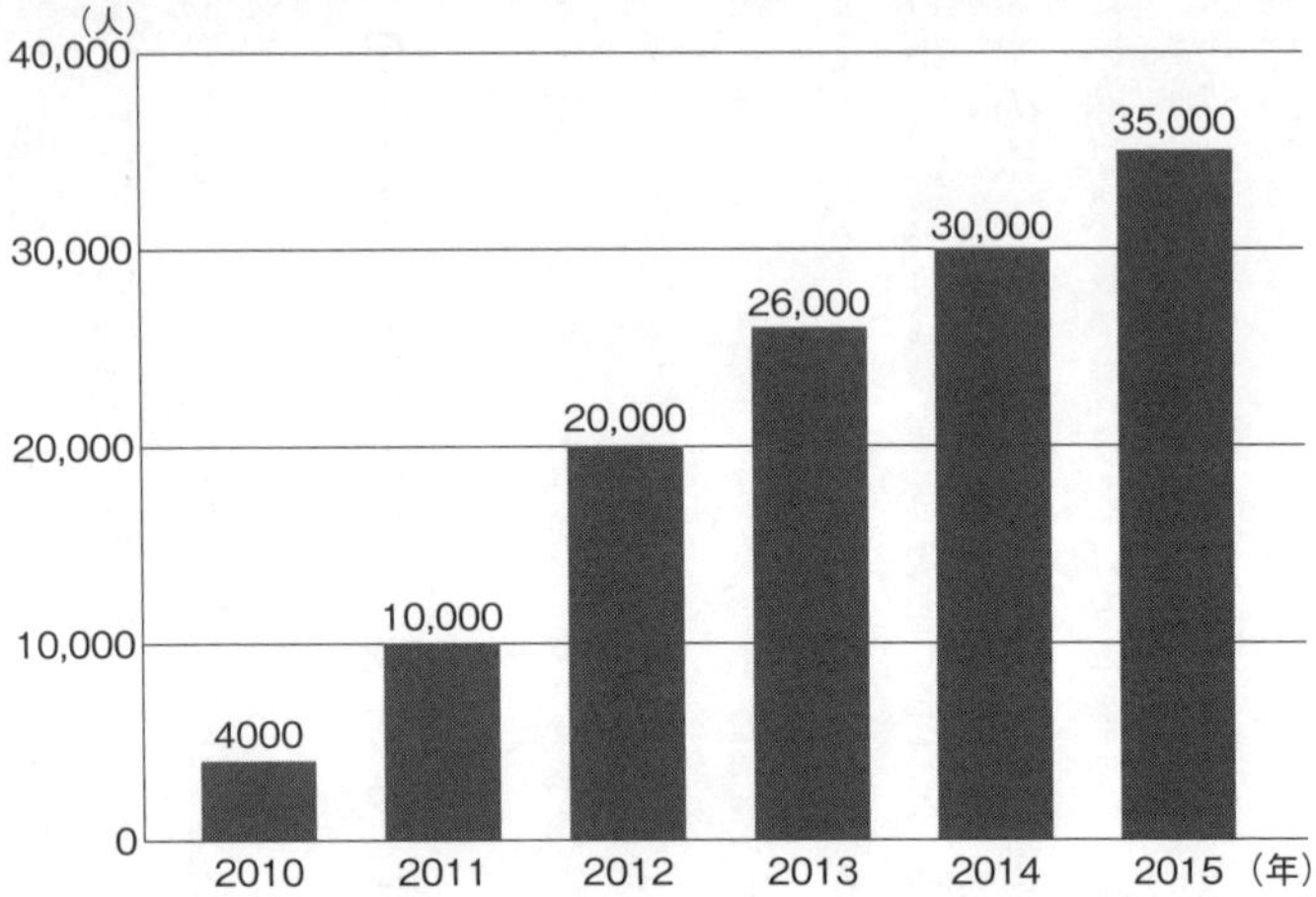

フィリピン政府観光省発表

いる理由ですが、その月10万円さえも無料となる留学方法があることをご存じでしょうか？

また、「海外滞在経験もあるし日常会話は問題ないから、欧米で生きた英語を学びたい」という英語中級者には食事・宿泊が無料になるファーム・ボランティア、「働きながら、語学プラスアルファで専門的な勉強をしたい」という語学上級者には学生ビザのまま働ける国や留学プログラムなど、「31歳の壁」を飛び越える方法はいろいろあります。

どこで・どういったレベルで・どんな留学がしたいのか。この本は、年齢やお金を理由に留学をあきらめたくない人全員に捧げます。

第1章

初級編

午前学校、午後仕事で働きながら海外留学

元手不要の0円留学

海外で語学学校に通うとなると、入学金や授業料といった学費はもちろん、宿泊費、食費などの生活費もかかるため、通常は留学費用が短期でも数十万円、1年以上の長期となると、何百万円もかかるのが一般的でした。

しかし今、ネットで「語学　留学　海外」で検索すると、「0円留学」を全面に押し出した語学学校や留学エージェントのサイトがリストアップされます。「0円」というと、携帯電話やスマホの宣伝文句が頭に浮かびますが、数万円程度のそれと、何十万、何百万円もする留学費用では、「0円」の重みは大きく違います。

例えば、フィリピン・セブ島の語学学校、「アーグス イングリッシュ アカデミー」では、学費や宿泊費が無料とうたっています。また、同じくフィリピン・セブ島やマレーシア・クアラルンプールで留学事業を行っている「留学ウェブダイレクト」は、学費や宿泊費、食費無料に加え、滞在期間によっては往復航空券までプレゼントと、いたれりつくせりなインターンシップ留学プログラムを実施しています。

「もろもろ0円で海外に語学留学でき、さらに往復の航空チケットまでもらえる？　そんなバカな話があるわけない！　きっと裏があるに違いない！」

ここまで読んで、100人のうち100人が、そう思ったに違いありません。かくいうわたしも最初、まだ0円留学がこれほど世の中から注目される前、ある業界紙で紹介された記事を見るまでは信じられませんでした。しかし、実際に0円留学は存在し、語学を磨いてから海外の一流大学へ留学、外資系企業に就職した例は数多くあります。そこには、**「裏」ではなく、納得の「表のからくり」があるのです。**

0円留学の「からくり」

海外留学というと、漫然と「就労は厳禁」と思っていませんか？　通常、海外で働く場合、雇用先ありきの就労ビザ取得が義務付けられています。観光ビザや学生ビザで入国している外国人が働くと、不法就労となります。しかし、**ある一定の条件をクリアすれば、観光ビザ・学生ビザ、そもそもビザを取得しなくても働けるケースがある**ことをご存知でしょうか？　フィリピンでは、語学学校などで勉強するための特別就学許可証SSP

(Special Study Permit)、短期間働くための特別就労許可証SWP(Special Work Permit)を取得することで、観光ビザまたは短期滞在ビザで入国後、最長6カ月まで働きながら勉強することができます。

実は、これが0円留学の「表のからくり」なのです。一般的な海外留学の場合、収入を得ることがなく、お金は出ていくばかり(そのため、留学期間中は働かなくても大丈夫という証拠に、銀行の残高証明書等の提出が求められるわけです)。しかし、0円留学では働くことができるため、得た収入を留学費用に充てることができます。

例えば、0円留学プログラムを利用してセブ島を訪れたAさんの場合。午前中の4時間は語学学校のマンツーマン授業を受け、午後の4時間は日系企業のコールセンターで働きます。ここで得た賃金が、自動的に語学学校の授業料や滞在中の宿泊費、食費に充てられ、「ほぼ0円」の海外留学が実現できるのです。

SSPやSWPといったフィリピン政府発行の許可証を取得するというのはハードルが高いように感じます。しかし、これらの手続きはすべて就学する語学学校、もしくは留学エージェントが代行してくれます。では、働き口は? 英語がまだほとんど話せないうちから、海外での就労に不安を感じる人も多いでしょう。実は、0円留学で働く先は、日系企業が海外に置くオフショアのコールセンターなどです。そのため電話対応する相手も日本人、話す言語も日本語ですから、言葉の心配はいりません。また、語学学校が日本人留学生の世話役をするインターンを募集している場合もあります。

0円留学は、ただ単に、留学費用を安く抑えられるというだけではありません。**語学力を磨きながら、海外での就労体験ができるという大きなメリットがあります。**そのため、語学に自信のない人の「最初の一歩」、ハブ的留学として活用されることも多いのが特長です。欧米への本格的な長期海外留学前に、海外就職・外資系企業への就労を目指す人のステップとして、0円留学は人気を得ています。

▼英語人口世界3位のフィリピンでマンツーマン・レッスン

ルソン島やビサヤ諸島、ミンダナオ島など大小合わせて7000以上の島から構成されるフィリピン。あまり知られていませんが、多民族国家であるフィリピンはフィリピン語と英語を公用語に定めており、**英語人口はアメリカ、イギリスに次いで世界3位**といわれています。ただ英語を話せる人が多いというだけではなく、個々の英語力の高さにも定評があり、語学留学先として人気が急上昇している理由の一つです。

米国カリフォルニア州ブリスベンにあるPeason English社が独自に調査した「Business English Index（ビジネス英語指数）」（2013年報告書）で、10点満点中フィリピンは7・95点。英語人口の多いアメリカ（5・23点）やイギリス（6・81点）、カナダ（5・71点）よりもはるかに高い英語力で、調査対象の国・地域の中では世界1位と発表されました（ちなみに、日本は4・29点で、アジアでは最下位）。英語におけるフィリピンの実力は、英語圏にある企業のコールセンターが多く設置され、**コールセンター事業委託数世界一**という数字からもわかります。

そういった英語力の高い国で、レッスンをマンツーマンで受けられるというのも、フィリピン語学留学の大きな魅力の一つでしょう。留学先として主流のアメリカやカナダ、イギリス、オーストラリアなど欧米では、語学学校の授業といえばほとんどがグループレッスンです。一方で、**フィリピンは基本、講師1人に生徒1人のマンツーマン・レッスンがスタンダード**となっています。これは、人件費が安い国だからこそ実現できるスタイルで、個々の英語レベル、得意・不得意に合わせた授業が受けられるのは、語学上達への近道です。特に、英語が苦手な『超英語初級者』の場合、グループレッスンについていけず、どこがわからないかもわからないまま、質問すらできずに留学期間を終えてしまったという話はよく聞きます。そういったことがないようマンツーマン・レッスンで、**自分のレベルに合った正しい英語を正しい手順で学ぶ。**それを、フィリピン留学は可能にしてくれるのです。

この本で紹介するのは「0円留学」ですから、無料となる授業料・宿泊費が実際いくらくらいかかるかには具体的に触れませんが、留学中、別途必要となってくるのが生活費。交通費や日用品購入費、娯楽費などはもちろん、学校によっては食費、ランドリー費、水道光熱費などもかかってくることがあります。しかし、日本や欧米と比べ、物価が3分の1ほどのフィリピンでは、**1カ月の生活費は食費を含めても2～3万円程度。**留学費用をなるべく抑えたい場合は、物価の安さもポイントの一つとなるでしょう。

現在、フィリピンの語学学校は、リゾートエリアとしても人気が高くもっとも語学学校が集中しているセブ島、首都でありフィリピン最大の都市・マニラ、そのほかクラークやバコロド、イロイロなどに点在しています。0円留学を実施している語学学校はセブ島に集中しており、仕事、勉強、そしてプライベートも充実できる立地となっています。

▼東南アジア一の治安を誇るクアラルンプールで0円留学

東南アジアではもっとも治安が良く、歴史遺産やビーチリゾートなど魅力あふれる観光地が点在し、海外旅行先としても人気の高いマレーシア。その首都クアラルンプールは、イギリス統治時代の歴史的建造物と近代的な高層ビル群が混在し、マレー系・中華系・インド系など多くの民族がひしめきあう活気あふれた大都市です。公用語はマレー語ですが、イギリス統治時代が長く多民族国家のため、英語の通用度がアジアでもっとも高い国の一つに挙げられます。

一般財団法人ロングステイ財団が毎年行っている**ロングステイ希望先アンケートでは、マレーシアが2006年から10年連続でトップ**にランクインしています。それは、年間平均気温27度という温暖な気候、治安の良さ、物価の安さ、医療水準の高さ、親日のお国柄、そしてどこでも英語が通じる便利さからです。ネイティブイングリッシュではありませんが、語学レッスンの水準は英語が公用語のフィリピンに負けず劣らず高く、働きながら学ぶ0円留学をする環境としては、限りなくストレスフリーといえるでしょう。

ただし、東南アジアの中では、比較的物価が高いため、フィリピン・セブ島とは若干、授業数や授業内容が変わってくるケースがあります。クアラルンプールの英語学校SkyEduグローバル・カレッジでインターンシップ留学プログラムを実施している「留学ウェブダイレクト」の場合は、英語レッスンがセブ島で1日4時間なのに対し、クアラルンプールでは2～3時間。マンツーマン・レッスンを基本としているものの、一部、少人数グループ授業も加わります。

また、語学学校やホテルのある場所は、クアラルンプールの中でも物価が高いエリアとなるので、自然と生活費も高くなります。日本と同等～2分の1程度なので、物価が安かった昔のイメージで渡航するとびっくりするかもしれません。それでも、クアラルンプールの住みやすさと治安の良さは代えがたい利点といえるでしょう。

これは、大学進学を考えている方向けの情報になりますが、日本の大学と違ってマレーシアの大学は他の大学への編入・転学が容易で、イギリスやオーストラリアの提携大学に編入という進路が選べます。マレーシアの私立大学の多くは、欧米の複数の大学と提携しており、例えば最初はマレーシアの大学に籍を置き、途中から提携する欧米の大学のマレーシア分校に編入。すると、マレーシアの分校に通いながら、イギリスやオーストラリアの大学の学位が取得できるのです。これは「ツイニングプログラム」と呼ばれるもので、**大学の全期間マレーシアに滞在したままなので、学費や生活費が抑えられ、さらに欧米の大学卒業資格を得ることができます。**入学時期も年間2～5回あり、入学までの空白期間をなるべく短くできるところも、マレーシアで大学進学するメリットの一つです。そのほか、主な編入先がアメリカの大学という「アメリカ大学編入プログラム」、マレーシアの大学と欧米の提携大学の2つの学位が同時にとれる「ダブルディグリープログラム」などがあります。

ワーキングホリデーへ向けて、超英語初級者から脱却！
～山口裕子さん（26歳）の場合～

できるだけ安く語学留学できるところ……と探していた時、山口裕子さん（仮名）の目にとまったのが、フィリピン・セブ島の0円留学プログラムでした。

皆で夕食!!セブの夜

「当時、語学留学先としてセブ島が良いっていうのは聞いていました。**英語が公用語ですし、留学した人からの評価がすごく高かったんですね。欧米の留学に比べて金額もすごく抑えられて、マンツーマン授業**ですし。そこで、インターネット検索をしたところ、実際に留学することになる『アーグス イングリッシュ アカデミー（以下、アーグス）』を見つけたんです」

費用を抑えて留学したい山口さんにとって、学費と宿泊費が無料というのは、とても魅力的に映りました。もともと、接客業をやっていたということで、コールセンターのオペレーターという仕事に抵抗がなかったのも大きかったようです。

「セブ島で0円留学を実施している語学学校は

いくつかありますが、アーグスは語学学校もコールセンターも自社で経営していて、日本人スタッフが学校にも職場にも複数常駐して、留学生のサポートにあたってくれるんですね。そこが安心で、アーグスに決めた理由でした」

0円留学しようと決めてから、セブ島で留学スタートするまで、わずか1～2カ月だったという山口さん。一般の留学よりかなりスピーディーなスケジュールでした。

「やはり**留学費用の負担が少ないので、思い立ってすぐ海外留学できるというのは、0円留学の大きなメリット**だと思います。日本で事前カウンセリングを受けた後、学校とは電話とメールのやり取りのみ。英語の予習や準備していくものなどは事前にアドバイスいただいたので、渡航までの期間は短かったですが、何の問題もありませんでした」

仕事内容は、日本人を相手とする日本語による電話オペレーション業務。コールセンターが日本かフィリピンにあるかの違いだけです。日本人社員のサポートも厚く、すぐに業務に就くことができたといいます。

「接客の経験はありましたが、電話でのお客様対応は初めてでした。業務を通して、コミュニケーションスキルという意味では鍛えられたし成長できたと思います」

しかし、働きながら留学ならではのデメリットも。

「単純に、留学だけしているのに比べ、勉強時間が限られてしまいます。部屋は大部屋で常に複数の人との共同生活ですから、自習時間をとるのが難しく、勉強と仕事の両立に苦労しました」

留学期間の山口さんのスケジュールは、「午後シフト」。月〜金曜の9〜13時が英語レッスンで、ランチタイム1時間をはさみ、14〜18時はコールセンターで働きます。土日は完全に休みというスケジュールで固定されていました。そこで、自習時間を確保するため、山口さんは「朝時間」を活用したそうです。

「英語レッスンの始業時間は朝9時ですが、宿泊先のホテルから学校へ向かう送迎車が朝7時半から出ているんですね。その朝一番の送迎車に乗って、授業開始より1時間早く登校するようにしていました。そこで、レッスンが始まるまで前日の復習や当日の予習をして、勉強不足を補っていました」

山口さんのように**自発的に勉強時間を確保する人が、0円留学では成功する**といいます。

0円留学生が一番苦労し悩むのが、渡航前の想像と現実とのギャップだそうです。アーグスによると、0円留学を始めた当初は、何となく海外生活に憧れてセブ島での留学生活を始めてみたけれど、働きながら学ぶことの大変さを痛感し挫折する人がたくさんいました。**0円留学は、どう目標を設定し、いかに強い意志をもって留学に臨むかで、その充実度は大きく変わってきます。**今は説明会や事前カウンセリングで、その点をくわしく伝えるようにしているそうです。

留学前の自身の語学力について「英語初級者」と語る山口さん。そのため、**生徒個々の語学力に合わせた授業となる完全マンツーマンレッスンはありがたかった**そうです。

「まずは英語に対する恐怖心をなくして、何となくでいいから日常会話が話せるくらいになりたいというのが目標でした。先生はみんなフレンドリーでとても親身に教えてくれる方ばかり。最初の頃は、先生が何を言っているかもわからない、でも、それをどう伝えればいいのかもわからない状態。渡航前に英語の予習をしていったつもりでしたが、最低限のボキャブラリーは備えて留学したほうが良かったと、渡航してから後悔しました（笑）」

アーグスで3カ月間の0円留学を体験した後、現在はカナダでワーキングホリデー中の山口さん。「ワーホリ前に0円留学を経験して本当に良かった」そうです。

「いきなりカナダへ渡航しても、英語を使って働くなんてとても無理だったと思います。まずは、**0円留学で海外での仕事経験を積んだうえだったから、ワーホリでも戸惑いなく仕事と勉強の両立**ができているんだと思います」

0円留学を終えてみて、山口さんは「語学力の向上はもちろんですが、海外で仕事をしたというのは自信につながった」といいます。

「0円留学は、向いている人と向いていない人がいると思います。勉強、仕事、生活、すべてを楽しんで自分を高められる人が向いていると感じました。逆に、1人で黙々と英語を勉強していたいとか、TOEICでハイスコアを取りたいという人には向かない留学方法なのかもしれません。一般的な留学に比べ、業務で時間が取られる分、勉強時間は足りません。ホテルに帰ってからも共同生活なので、自分のペースで思うように勉強時間が取れないのも確かです。でも、**同じ職場で一緒に働きながら、同じ語学学校で勉強をする仲間がいるというのは、とても心強かった**です。参加しているのは社会人経験者が多く、経歴や考え方、夢、目標もさまざま。そういった話ができる仲間との出会いは、貴重な体験でした。何より海外で仕事をしながら勉強をする、という経験は自分自身の成長にも繋がったと思います！」

もうひとつの0円留学の形

～インターンシップ留学プログラム～

英語を学びながら、自身が通う語学学校や現地日系企業などで、日本人スタッフの仕事をサポートするインターンシップ留学プログラム。授業・宿泊料などが無料になることから人気が高く、欠員が出た場合のみの募集しか行わない語学学校がほとんどです。その中で、常時応募を受け付けているのが、フィリピン・セブ島やマレーシア・クアラルンプールで留学事業を行っている「留学ウェブダイレクト」。インターンシップ留学プログラムを利用した場合、どんな留学生活で、費用はどれくらいかかるのか。これから0円留学に挑戦したいという人が一番知りたいところを、留学ウェブダイレクトの場合を例にしてご紹介しましょう。

インターンシップの様子

配属先や現地状況によって変わりますが、インターンシップ生のスケジュールは主に次の3パターンに分けられます。

①留学サポートオフィス配属の場合

業務時間は平日5時間、土曜日3時間の合計週28時間。授業時間は週20時間で、業務時間以外は自由時間となります。

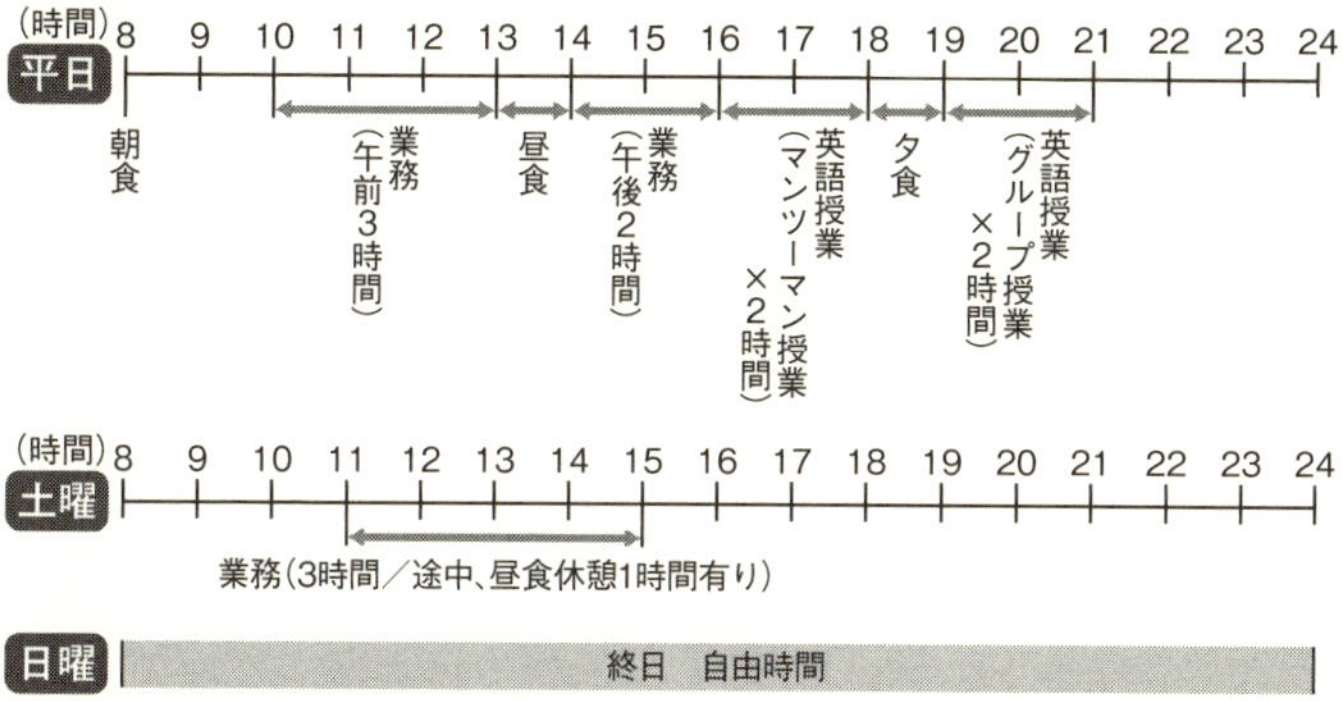

②語学学校内日本人サポート配属の場合

業務開始時間が午前9時からと早く、マンツーマン・レッスンが午前に1時間移動となりますが、それ以外は留学サポートオフィス配属のスケジュールとほぼ同じ。業務時間数、授業時間数も同じ条件です。

③オンライン英会話レッスンセンター配属の場合

オンライン英会話レッスンは、レッスン先との時差を考慮し、業務は午後に集中します。業務時間は平日4.5時間、土曜日5.5時間の合計週28時間。授業時間は週20時間で、業務時間以外は自由時間となります。

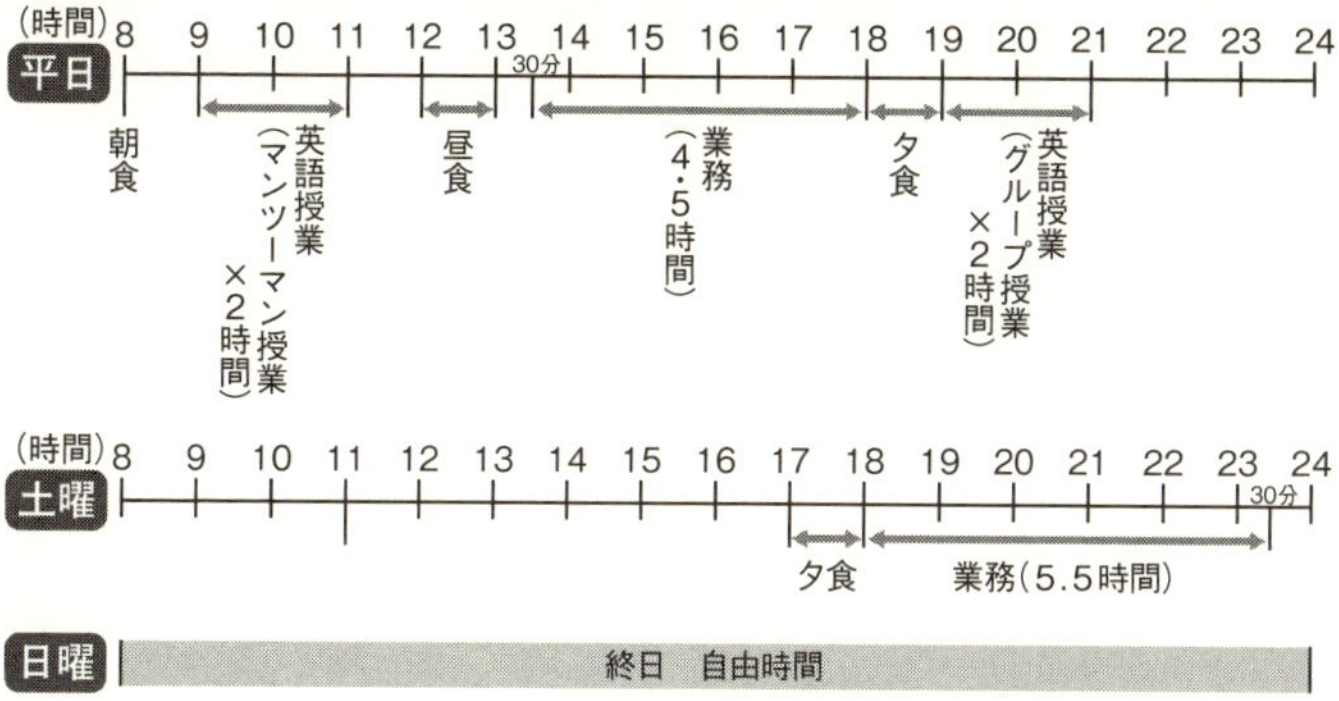

配属先が決まれば、授業時間と業務時間のスケジュールはほぼ一定となるため、**業務量が多く授業時間が取れないといった心配はありません**が、曜日によって多少の時間差はあります。また、勤務開始時間と退勤時間を記録できるスタッフ用のシステムがあり、時間をオーバーしての業務とならないよう管理されています。例外として、同僚の病欠などイレギュラーなスケジュール変更により急遽、サポート業務が入るケースがまれに起こるそうです。ただし、後日、受けられなかった授業は、再受講できるフォローがあります。

業務もしくは授業のある時は、**配属先の食堂で食事ができ無料**となります。そのため、留学中の生活費としてかかるのは、水道光熱費と娯楽費等なので、1カ月当たり1～3万円ほどで、平均的には2万円弱だそうです。例えば、アジアでの節約旅行に慣れていたり、ローカルが集うお店などにも積極的に挑戦すれば月1万円未満ですみます。しかし、日本人美容師のいる美容院などを利用したり、おしゃれなカフェや輸入食材を扱うレストラン巡りなどをすると、月3万円程度の生活費に。いずれにしろ、生活費は日本の3分の1以下で抑えられる物価の安さは魅力的です。

では、インターンをしながら語学を勉強し、どれぐらいの語学力向上が見込めるのでしょうか。日本より受験料が安いため、フィリピン・セブ島でTOEICテストを受験する留学生は多く、これまでにインターンシップ留学プログラムを利用した約3割が受験しているそうです。複数回受験する留学生も少なくなく、そのスコアで成績を比較してみました。

Aさん　10カ月の留学でTOEIC500点　→　825点

Bさん　1年間でTOEIC640点　→　790点　→　840点

Cさん　1年間でTOEIC625点　→　825点

平均的に、6カ月から1年の参加期間で、1000〜2000点のTOEICスコアアップは珍しくないといいます。

このように働きながらでも語学力を伸ばせるインターンシップ留学プログラムにも、やはり向いているタイプ、向いていないタイプがあります。留学ウェブダイレクトでは、次のようなタイプが向いていると考えています。

・勉強と業務の時間、娯楽や息抜きをする時間を、しっかり切り替えられる。
・業務を進める中で覚えた英語表現等の知識を、自由時間により掘り下げて調べたりする。
・一般の語学留学生とは異なる環境を最大限に生かして前向きに勉強できる。

・接客経験があり、さまざまな年代と失礼なく話ができ、好印象を与えられる。
・日本と異なる環境で、良い面を見つけることが上手。

逆に向いていないのは、次のようなタイプだそうです。

・日本と異なる環境に対応できない。
・ただお金を払わずに留学したい（業務を行う意識が低い）。
・他人と協調して働くのが苦手。

インターンシップ留学プログラムは、留学の一つの形とはいえ、働くことが大前提です。お給料は生じませんが、授業料・宿泊料を支払っていない以上、「お客様」ではありません。自分自身、その仕事に責任をもって働けるか、向いているかどうかも吟味してチャレンジしましょう。

▼0円留学　チェックポイント

語学学校選び

就労をともなう0円留学とはいえ、安かろう・悪かろうでは意味がありません。一番の目的は、あくまでも英語のスキルアップ。ローコスト・ハイパフォーマンスを目指し、授業の質にもこだわりたいものです。

フィリピンの場合、労働雇用省技術教育技能教育庁（Technical Education and Skills Development Authority）、略してＴＥＳＤＡが、国内の語学学校に厳しい審査基準を設けています。審査には、授業カリキュラム、学校設立に関する法的書類、経営・財政、税金面・安全面といった細かな項目を設け、それらをパスした学校には、授業レベル（初級・中級・上級）ごとに**TESDA認定証**が与えられています。現在、留学先として人気のフィリピンにはたくさんの語学学校がありますが、実は、ＴＥＳＤＡ認定取得の学校はわずか10％程度。留学先を決める場合、ＴＥＳＤＡ認定を取得しているかどうか、まずは確認しましょう。

さらに、TESDA認定を受けた学校の中から、一定以上の水準を満たす学校は、フィリピン移民局からの**特別就学許可証SSPの発給認可校**となります。フィリピンは観光目的ならビザなしで入国できますが、たった1日学校で授業を受ける場合でも、SSPの取得が必要です。取得には、身元を確認する書類、英文の戸籍謄本、英文銀行残高証明書が必要ですが、SSP発給認可校ではそれらの書類を学校が代行して申請してくれるのです。

SSPの発給が認められていない一部の学校では、SSPを取得させないまま学生に授業を受けさせているケースがあります。フィリピン移民局の一斉摘発によって、入国管理法違反の罰金2万ペソ（約4万7000円）と国外追放処分が下されたという事件も起こっているので、SSP取得ができるかどうかも必ず確認しましょう。

マレーシアの場合、英語が公用語ではない点で、学ぶ英語学習のレベル、講師のレベルが気になるところでしょう。マレーシアには欧米に母校がある語学学校が多くあり、そういった語学学校はネイティブスピーカーが講師を務めている割合が多いといえます。世界で通用する英語講師資格TESOL（Teaching English to Speakers of Other Languages＝理論が主な英語教授法）、CELTA（Certificate in Teaching English to Speakers of Other Languages＝実践的な英語教授法）の取得も確認してみましょう。

留学コスト比較

0円留学とうたっていても、0円となる内訳は語学学校によって異なります。授業料と宿泊料が無料となるのがスタンダードですが、留学の際はそれ以外に、次の費用がかかります。

・入学金
・教材費
・空港出迎え代
・ビザ関連費用
・教材費
・食事代
・生活費（水道光熱費、交通費、ランドリー代など）
・1人部屋を希望する場合の追加宿泊料

学校によっては、教材費が授業料に含まれるケース、学食があって3食無料となるケース、宿泊先がホテルのため水道光熱費も無料となるケースなどさまざまなので、**無料・有料の内訳を確認し、コストを比較**しましょう。

この中で、フィリピンならではのコストといえば、「ビザ関連費用」となる特別就学許可証SSP、特別就労許可証SWP、外国人登録証ACR I-Card（Alien Certificate of Registration Identity Card）の取得代でしょう。

SSPとSWPは、学校が代行申請を行います。取得には法定費用に学校の代行料が加算されるため、学校によって金額が異なりますが、だいたいSSPのみで6000〜6500ペソ（1万5000円前後）が相場となっています。SSPは有効期限が6カ月で、延長のたびに取得が義務付けられています。また、有効期限内であっても、学校が変わった場合も再取得となります。

6カ月を超えない範囲で働く場合、フィリピン移民局が発行する労働許可はSWPです。1回の有効期間は3カ月で、1回限り延長が可能。就労期間がそれ以上となる場合は、フィリピン労働雇用省DOLEにて、正規の労働許可（外国人雇用許可AEP）を雇用する会社を通して申請します。1年間有効で、延長する場合は期限が切れる45日前までに再申請が必要。

ACR I-Cardは、フィリピンに60日以上滞在する外国人に取得が義務付けられている外国人登録証で、いわゆる長期滞在する外国人の身分証明書となります。2010年3月からの新規定により、フィリピン滞在が60日未満でも、SSP申請をする留学生はすべてACR I-Cardの取得が義務付けられました。SSP・SWPと同様、入国後にフィリピン入国管理局へ申請を行います。個人で申請することもできますが、学校スタッフによる代理申請手続きも可能です。また、外国人登録番号SSRNを発行してもらうARP（Alien Registration Program）の申請は59日以上の滞在時に行います。

一方、マレーシアの場合は、90日以内の入国ならビザは不要です。それ以上の場合は、学生ビザや就労ビザの取得が必要ですが、取得自体にお金はかかりません。語学学校や雇用先によっては、取得手数料という名目で料金が生じる場合があるので、あらかじめ確認しておきましょう。

仕事内容

働くことが大前提の0円留学では、仕事選びも重要です。仕事の種類は大きく分けて二つ。一つは、日系企業が現地に開設したコールセンターで、日本人を相手に日本語で対応するオペレーターの仕事です。インフラ環境の充実による通信費の低価格化、安価な人件費、高い英語力から、フィリピンはコールセンター事業委託数世界一を誇ります。日系企業も例外ではなく、多くのコールセンターをフィリピンに構えています。

最近、通販やテレビショッピングで商品を購入する際や、クレジットカードの問い合わせセンターへ電話した際、コール音が国内電話と違う時がありませんか？　それは、海外オフショアのコールセンターへつながっているのです。そこでのオペレーション業務は、お客様も日本人、使う言語も日本語ですから、語学力は不要。一般的なビジネスマナーを持つ現地在住の日本人が求められるため、社会人経験のある留学生にはぴったりな仕事なのです。業務に合ったトークスクリプトやマニュアルが用意され、仕事の時間内で研修も行われるので、これまでコールセンターで働いた経験がなくても就業できます。

もう一つは、企業のインターンとして働く仕事です。主に、語学学校やその関連企業で日本人留学生をサポートする業務となります。通常の留学でも、1カ月10万円前後と費用が格安なフィリピンは、現在、日本からの留学生が急増しています。

また、フィリピンほど安くはありませんが、欧米の2分1程度の費用で留学でき、中国語の習得にも対応できるマレーシアも、昔から日本人には人気がある留学先です。留学生の空港送迎に始まり、ビザ取得のための書類作成・手配、移民局への同行、先生と生徒の橋渡し役にいたるまで、留学中の日本人学生をサポートするスタッフが必要です。そういった多岐にわたる業務を授業のない時間に担うことで、授業料・宿泊費などと給与が相殺され、0円となるのがインターンシップ留学です。

この仕事では、現地スタッフや英語教師とのコミュニケーションが多少必要となるので、コールセンター業務よりは語学力が求められます。インターンシッププログラムなので、留学期間終了後はそのまま社員に昇格するケースもあり、留学から海外勤務の道が開けます。また、語学学校やその関連企業での海外インターン経験は、将来、教育分野へ進みたいと考えている人にとっても大きなキャリアとなるでしょう。

0円留学の場合、長く滞在すればするほど留学条件が良くなるため、自然と長期となります。**電話オペレーターと留学生のサポート、どちらが自分に向いているかを十分吟味し**

て、留学先を決めることは大切です。ただし、気を付けたいのが勤務時間。授業時間に対し勤務時間が長過ぎる場合は、就業と勉強のバランスが崩れ、働くために英語を習っているのか、英語を勉強するために働いているのか、わからなくなってしまいます。1日の勤務時間は何時間か、残業はあるのか、週休何日か、土日祝日の出勤はあるのか、シフト制なのかなど、日本で仕事探しをするのと同じかそれ以上シビアに、勤務時間についての疑問は留学前にクリアにしておいたほうがいいでしょう。

授業内容と授業数

0円留学の場合、仕事内容や宿泊先を気にする人が多い一方で、無料となる英語の授業内容は二の次、三の次にしてあまりこだわらない傾向にあります。しかし、0円留学の一番の目的は、あくまでも語学力の向上です。授業内容や英語講師のクオリティー、授業数の確保は必要です。

フィリピンでの授業スタイルは、マンツーマン授業を基本としている語学学校が多く、集団授業は一部となっています。逆に、欧米に母校がある語学学校の多いマレーシアでは、集団授業の割合が多いでしょう。0円留学で受けられる授業は、マンツーマン授業なのか集団授業なのか。両方ある場合は、それぞれどのくらいの割合となるのか。集団授業のテーマは、ビジネス英語なのか、TOEICといった検定対策なのか、中学英語を学びなおす初級編なのか。**授業形式や内容については事前に確認**しましょう。

現在、急速に語学学校が増えているセブ島では、英語講師が不足しているといわれています。そのなかで、つまり英語を母国語としない、第二外国語として学ぶ外国人の生徒に教えたことがある経験ESL（English as a Second Language）、英語教授資格TESOL、CELTAを持っているかどうかが、英語講師のレベルを計る一つの基準となるでしょう。そのほか、語学学校によっては、言語・教育関連学部の大卒資格や、筆記試験・模擬授業試験等の実施、カランメソッド等のトレーニング受講などを英語講師に課しています。英語講師採用の条件や資格については、事前説明会などで問い合わせてみましょう。

そして、最後に授業数。ここが一番注意してチェックしなければいけないところかもしれません。0円留学をうたっているところで、極端に授業数が少ないところもあるからです。0円留学プログラムを運営しているあるエージェントでは、以前は就労時間と授業時間がほぼ一緒でしたが、今では授業数がわずか8分の1に減っており、半年就労しても授業はわずか100時間。週に4時間程度しか授業が受けられないケースも出ています。選ぶ目安として、**働いた時間とほぼ同じ時間の授業が受けられるかどうかを一つの基準**とするといいでしょう。

ペナルティー比較

0円留学をうたう語学学校のホームページでは、「渡航直前に留学をキャンセル」や「予定の留学期間より早く切り上げて帰国」といった場合のペナルティーを明記していない、もしくはくわしく紹介していないケースが多いのをご存知ですか？

日本で働くケースを想像してみましょう。アルバイトでも社員でも、仕事を覚えるまでは会社側が初期費用を負担し、勤務を続けてもらうことで回収します。しかし、もし短期間で辞めてしまったら、初期投資はそのまま未回収の負債となります。それは、0円留学でも同じことで、コールセンターにしろサポートスタッフにしろ、給与が生じるほどの働きがないうちに辞めてしまったり、そもそも直前で入社自体をキャンセルした場合は、仕事先となるコールセンターや語学学校は大なり小なり損失をこうむることになります。

しかし、「留学直前にケガをして渡航できなくなった」「家族に不幸があって帰国しなければいけない」など、やむを得ない理由での留学断念は誰にでも起こりうるものです。その際、どういったペナルティーが課せられるのかを事前に確認しておくことも肝心です。

例えば、インターンシップ留学プログラムを実施している留学ウェブダイレクトでは、契約期間が6カ月以上です。契約期間満了とならなかった場合は、通常の留学と同様に授業料と宿泊料を留学生の負担（4週間当たり8万9800円）としています。

一方、セブ島で語学学校・コールセンターを自社で運営しているアーグスでは、特にペナルティーは設けていません。ただし、「現地滞在期間を元に業務のシフト調整をしているので、特別な事情がない限り、当初の予定通りの滞在をしていただきたい」そうです。

0円となるための留学条件を確認・比較し、それによって留学先を選ぶというのも一つの方法ではないでしょうか。

フィリピン・セブ島

アーグス イングリッシュ アカデミー

■留学データ

HP	http://0円留学.com/
留学生数	80名（日本人留学生95%）
0円留学利用	80%（男性40%　女性60%）
0円留学平均期間	4〜5カ月（全体平均は2〜3カ月）
0円留学利用年齢	10代10%　20代50%　30代30%　40代以上10% （18歳以上なら誰でも利用可）

極限まで金銭的な負担を下げ、海外を身近に感じられる留学を提供するアーグス イングリッシュ アカデミー。コールセンターでのオペレーション業務をする代わりに、授業料・宿泊費が無料となる0円留学をフィリピン・セブ島で実施しています。

留学生が人として総合的に成長し、今後の人生に大きくプラスとなれるような学校を目指し、アーグスでは0円留学をスタート。「学費を0円にするために仕事をする」のではなく、海外での就業経験を通して、英語はもちろん、精神的な成長やスキル、コミュニケーション能力の向上も目標としています。そのため、レッスンを受ける語学学校も就業するコールセンターも自社経営で、学校のあるフロアではすぐ隣がコールセンター、同じビルに日本大使館・領事館が入っているため、学ぶにも働くにも便利なロケーション。日本人スタッフは、学校と職場を合わせると20名以上が常駐し、連携をとって留学生のサポートにあたるため、安心して留学生活を送ることができます。

授業は完全マンツーマン・レッスンで、留学初日は英語レベルチェックからスタート。結果をもとに、「Grammar」「Reading」「Listening and Speaking」「Writing」の4つの項目から、個々の力や目的に合った細やかなカリキュラムで授業は進められます。

一方、仕事の内容は、日本の大手企業から業務受託した、日本語による電話オペレーションサービス。しっかりしたマニュアルが用意されているので、未経験でもプレッシャーなく始められる業務内容となっています。

コールセンター業務の様子

原則として、20時間の語学レッスン、20時間の仕事を1週間で消化するスケジュール（フィリピンの祝日がある週は例外）となっています。

例えば、月～金曜の午前か午後の4時間を授業、それ以外の空き時間を仕事にするといったパターンや、1日8時間授業を受けたら、翌日は8時間仕事といったパターンなど、担当業務や状況によるシフトと、講師の予定などを調整して、1週間ごとにスケジュールを組んでいきます。

アーグスでは、4週間以上の留学から授業料と宿泊費が無料となり、最長24週、約6カ月間まで0円留学が可能です。それ以外の留学中にかかる費用は次の通りです（消費税除く）。

・**入学金**（1万5000円／渡航1週間前までに支払い）
・**空港お迎え代**（600ペソ＝約1300円／深夜到着は1000ペソ＝約2200円）
・**SSP／SWP代**（1万ペソ＝約2万2000円／更新費用は別途）
・**ACR I-Card代**（3500ペソ＝約7600円）
・**学生IDカード発行料**（200ペソ＝約400円）
・**水道・光熱費**（週600ペソ＝約1300円／1人部屋の場合は週800ペソ）
・**教材費**（1冊700ペソ＝約1500円）
・**デポジット**（5000ペソ＝約1万1000円／ホテル設備・備品の破損などなければ、退室時に返金）
・**1人部屋を希望した場合の追加料金**（月2万1600円・税込）

それ以外に、食費や交通費、洗濯代（1kg29ペソ＝約60円／ホテル横のコインランドリー利用）など、生活費が別途かかります。

語学学校によっては、校舎と宿泊施設を同じ建物内に設け、食堂完備で3食提供することで、セキュリティー面を強化すると同時に極力不要な外出を避け、留学生の安全を確保するところもあります。しかし、アーグスでは、よりセブ島での生活を体感し、語学習得以上の体験をしてもらいたいと、あえて食事付きにはせず、宿泊先も一般のホテルルームとなります。だからといって、安全面で劣るというわけではありません。学校・職場はセブ島中心部、ビジネスパークと呼ばれるビジネスエリアにあり、ホテルとの往復は専用の送迎車を利用します。多くの日本人スタッフが常駐しているため、留学したばかりで英語がまったく話せなくても心配はありません。ちょっとしたことでも、いつでも相談できる環境にあります。

また、食事付きとしてしまうと、せっかくの海外留学なのに、英語を使う機会を逃してしまうデメリットもあります。コンビニやスーパー、レストランで英語を使うことは、留学生にとっての実地訓練。学校や勤務先周辺には安くておいしいレストランが多く、食事

学校・勤務先のある
Keppel Center

授業風景

代を含めても1日の生活費は５００～１０００円程度。いくら学校施設内に食堂があっても、学校や勤務先で現地スタッフと交友の輪が広がったら、自然と外で食事をする機会も増えていくものです。海外生活で、どんどん英語を使う機会を得てほしいという思いから、アーグスはあえて食事付きにしていないのです。

それは、月に一度開かれるアクティビティイベントにも通じます。アイランドホッピングやダイビングなどセブ島ならではのリゾート体験や、貧困地域でのボランティア活動などを行い、セブ島の「今」を感じる機会を設けています。

留学期間完了後、進学・就職といった次のステップへのサポートも行っています。アメリカやカナダ、オーストラリアなどの就職やインターンシップ、フィリピンをはじめとするアジア地域での就職、フィリピン大学への進学など、希望にあった進路をアーグスでは紹介しています。

フィリピン・セブ島／マレーシア・クアラルンプール

留学ウェブダイレクト

■留学データ（フィリピン・セブ島のみ）

HP	http://www.ryugaku-webdirect.com/
留学生数	約120名（日本人留学生70%　ただし学校や時期によって変わる）
0円留学利用	5%（男性32%　女性68%）
0円留学平均期間	8.5カ月（全体平均は3カ月）
0円留学利用年齢	20代70%　30代30% （20歳以上35歳くらいまでの年齢制限あり）

「留学をもっと身近なものに」「低価格で良質な英会話習得の機会を多くの方に」との想いから、最初にフィリピン留学を日本に紹介した「留学ウェブダイレクト」。フィリピン留学のパイオニア的存在です。その信頼度は、留学業の健全な育成と発展を目的として内閣府より認証されたＮＰＯ団体・留学協会の正会員という点にも表れています。

その留学ウェブダイレクトが実施しているのが、「インターンシップ留学プログラム」です。現地オフィスや関連企業（オンライン英会話レッスンセンター）、提携の英語学校などでインターンとして働きながら、並行して英語レッスンも受けるというプログラムで、６カ月以上の参加により授業料や宿泊費が無料になるというものです。

このプログラムは、これから留学を考えている人、有料の留学期間を終えようとしている生徒の声から生まれ

校舎外観

ました。

「もうすぐ卒業で予算もないけど、まだ滞在を続けて英語力を伸ばしたい」

「予算が限られているので、奨学金があれば紹介して欲しい」

「海外での就職に興味があるけど、その前のステップとしてインターンを経験できないか」

そういった声を受けて、現地オフィスの日本人社員を1日数時間サポートする代わりに、授業料・宿泊料無料という条件で募集をかけたところ、大きな反響があり、インターンシップスタッフという枠組みを設けました。

まずは、フィリピンのインターンシップ留学プログラムについてご紹介しましょう。応募には、次の条件があります。

・20〜35歳くらいまでの方
・英会話中級レベルもしくは英語を習得する意欲の高い方
・責任をもって業務に従事できる方
・基本的なＰＣ操作ができる方
・６カ月以上、フィリピンに滞在可能な方

少しでも社会人経験があり年齢条件さえ合えば、決して難しい条件ではありません。インターンシップスタッフに選ばれた場合、１日5時間前後、週に28時間の勤務を６カ月以上することによって、次の費用が無料となります。

・渡航1カ月前から出発前日までのオンライン英会話レッスン
・英語学校の入学金
・1日4時間の英語レッスン
・宿泊費（2人部屋〜4人部屋となり、部屋指定は不可）

・**学校の食堂を利用した食費**（1日3食。ただし、配属先により土日祝日は食堂が閉まっていたり、1日2食の提供になることも）

・**現地空港送迎料**（到着時の片道）

さらに、10カ月以上のインターンシップ参加によって、日本とフィリピンの往復航空券まで無料となります。

逆に、留学中に負担しなければいけない費用は、日本・フィリピン間の往復航空券費用（留学10カ月以内の場合）、ビザ関連費用、水道光熱費、個人的な生活費、海外旅行保険料となります。現地到着後にかかるビザ関連費用（6カ月で約8・6万円、1年で約16万円）を除く、現地での光熱費と個人的な娯楽費といった費用は1カ月あたり1～3万円、平均的には2万円弱ほどとなります。

最初に設定した6カ月～1年間までの参加期間の満了を条件に、授業料・宿泊費を免除としています。このため、満了できない場合は、最低限の授業料と宿泊費（4週間当たり8万9800円）の支払いが生じます。同様に、10カ月以上の期間満了者の特典である往復の航空券提供も本人負担となります。

授業風景

　では、肝心の仕事内容はというと、主に留学生やオンライン英会話のサポート、学校や取引先との調整・交渉、情報収集や発信、事務作業など。日本にある英会話学校の事務スタッフとして働く場合とほぼ同じ内容となります。

　留学ウェブダイレクトがインターン留学生に望むのは、「自ら仕事を作り出し、試行錯誤をいとわず、変化に素早く対応できる人」。責任をもって業務にあたれる人ということで参加者の選考を行っているそうですが、「インターンシップ留学は6カ月〜1年間と比較的長い期間の参加となるため、そこがもっとも苦労する点でもある」といいます。

　選考は、書類審査と国語・算数・英語のテスト、そして面接となります。ただし、応募が全

語学学校の事務スタッフとして働く

国（または海外）からあるため、面接は対面ではなく、スカイプの音声通話、もしくはビデオ通話で実施しています。

契約期間満了時には修了証書が発行されるため、さらにステップアップした留学や就職活動にも活用できるのです。海外就職を考えている場合は、大きなアピールとなります。また、インターンから社員登用の道もあり、留学をする側から招く側に立場を移し、英語教育の一端を担うこともできます。教育分野に興味がある人にとって語学学校や関連企業での海外勤務は、一般の留学では経験できないリアルな現場を、働く側の視点から見られるメリットがあるのです。

そして、フィリピン留学のパイオニアである

語学学校での留学生のサポート業務を行なう

留学ウェブダイレクトが、そのノウハウを活かし開校したのが、マレーシア・クアラルンプールの英語学校ＳｋｙＥｄｕグローバル・カレッジです。

もともと、セブ島のようなリゾート地ではなく、ビジネスの中心となる大都市で留学経験したいという声がきっかけでクアラルンプール校は誕生しました。当初は、フィリピンの首都マニラで検討していましたが、治安の問題で断念。そこで白羽の矢が立ったのが、マレーシア・クアラルンプールでした。観光地としても日本人気が高く、治安の面でも日系企業から信頼を得ているクアラルンプールで、セブ島のノウハウを生かし、同等のコストパフォーマンスとクオリティーでマンツーマン・レッスンがメインの

新入生の到着スケジュールをボードに書き込む

語学学校をオープンしたのです。

ただし、インターンシップ留学プログラムは基本、欠員が出た場合にスタッフを採用しているため、セブ島かクアラルンプールかの配属先は選べません。それを踏まえたうえで応募しましょう。

第2章 番外編 1

超初心者向き 日本にいながら 英語漬けの 国内英語村

英語力向上の起爆剤に　全国で次々と「英語村」誕生

2020年の東京オリンピック開催に向け、急激なグローバル化と、英語教育が急務といわれている日本。しかし、中高6年間も必修科目として英語を学び、2011年から公立小の5・6年生は外国語活動が必須となった（私立小学校ではそれ以前から外国語の授業を設けているところは多い）今でも、日本人のほとんどが十分に英語の読み書きができず、英語力ランキングでも先進国としては低い順位に甘んじています。

例えば、英語のコミュニケーション能力を評価する世界共通のテストであり、世界約150カ国で採用されているTOEIC。それを実施・運営する国際ビジネスコミュニケーション協会の発表によると、2013年に行われたテスト結果の平均スコアを地域別にランキングしたところ、日本は512点でした。発表された48カ国のうち、日本は40位。12位の中国、30位の韓国より、大きく下回る結果となりました。

また、海外の大学留学に必須となるTOEFLでも、2014年の結果はアジア30カ国中、日本は27位。ここでも、中国や台湾より下の順位となっています。そして、スイスに本部を置く世界最大級の私立語学学校イー・エフ・エデュケーション・ファースト（＝ＥＦ）が２０１１年から毎年公開している世界最大の英語能力ランキング「ＥＦ英語能力指数」では、２０１５年、日本は70カ国中30位。同じアジア圏の中では、シンガポールが12位、マレーシア14位、インド20位、韓国27位といずれも日本を上回っています。

このデータで注目すべき点は、日本の教育支出（国家予算のうち教育支出が占める割合）です。日本の教育支出は９・５％と世界平均の14・０％を大きく下回っており、アジア14カ国のうちスリランカに次ぐワースト2位となっています。

そういった日本人の低い英語力を改善するべく、今、国内で次々と誕生しているのが、留学を疑似体験できる「英語村」です。英語村とは、外国とほぼ同じ環境を作り、まるで海外で生活しているように英語を学習できる施設。２００６年、近畿大学が東大阪キャンパス内にオープンした「英語村　Ｅ^3［ｅ-ｃｕｂｅ］」を先駆けに、全国各地の学校や自治体、民間で英語村の開設が相次いでいます。

実はこの英語村、発祥はお隣の国・韓国。政府運営で現在、アンサン（安山）とパジュ（坡州）、ヤンピョン（楊平）の3カ所があります。ここには、欧米の街がそのまま再現され、英語を使ってさまざまなプログラムが体験できる英語学習テーマパークとして人気があります。宿泊施設も備えているため、日本からわざわざ英語を学ぶために訪れる人も多いそうです。

実は、先で紹介した「EF英語能力指数」の2015年データによると、韓国政府の教育支出はタイに次いで世界2位。日本の9・5％に対し25・0％と、国全体で教育分野を後押ししています。

特に、1990年前後から英語力強化に力を入れており、以前は日本と同等もしくはそれ以下といわれていた英語力が、今ではTOEICで平均40点も上まわり、日本は大きく出遅れた形となっています。

そこで、韓国でも高い評価を得ている英語村を日本でも取り入れようという動きが官民で起こり、2018年9月には東京版英語村が誕生する予定です。

2020年には、小学校5・6年の外国語活動は正式教科に格上げされ、英語教育自体は3年生から始まるなど小学校での英語教育の転換期を迎え、その受け皿として英語村が一つの役割を担うといわれています。

東京版英語村は、お台場エリアにオープンする予定で、利用対象者は小学生から高校生。残念ながら、子どもを対象とした施設で一般利用はできない予定ですが、国内には大人でも利用できる英語村がたくさん誕生しています。ここでは、格安で利用できる学校・自治体運営の英語村から、有料だけど至れり尽くせりな民間経営の英語村までご紹介しましょう。

大阪府東大阪市

近畿大学　英語村　E[3]［e-cube］

http://www.kindai.ac.jp/e-cube/

近畿大学東大阪キャンパス内に2006年11月にオープンした「英語村　E[3]［e-cube］」。「English」「Enjoyment」「Education」の頭文字をとって名付けられたここは、この言葉通り、「遊びながら英語を楽しく学ぶ」場所です。英語が苦手な大学生に向けて、「遊びを取り入れた勉強」ではなく、「徹底的に遊びに特化した英語漬けの場」として設立され、日本の大学としては初の試みでした。

あくまでも近畿大学に通う学生や教職員のための施設ですが、大学が長期休暇に入る夏

近畿大学　英語村　E3［e-cube］のホームページより

休み（8月下旬〜9月中旬）、春休み（2月中旬〜3月下旬）の月曜日〜金曜日には一般公開し、高校生以上なら誰でも無料で参加できます。

常駐するネイティブスピーカーの外国人スタッフはそれぞれ、音楽・スポーツ・料理など「一芸」を持っており、一般公開中は曜日ごとにクイズやサイエンス&自然、旅行、フード&クッキングなどさまざまなアクティビティーを実施。英語村では日本語禁止で、英語しか使ってはいけないため、海外生活を疑似体験できます。

カフェも併設されているので、ちょっとお茶だけの利用でもOK。もちろん、店員さんとのやりとりも英語なので、まずは注文からチャレンジしてみましょう。

■一般利用の場合

利用期間	2月中旬～3月下旬、8月下旬～9月中旬
利用時間	月曜日～金曜日　10～16時
利用対象	高校生以上

鳥取県鳥取市

公立鳥取環境大学　英語村

http://www.kankyo-u.ac.jp/campuslife/englishvill/

英語コミュニケーション能力を身に付け、英語を楽しく学ぶ場として、公立鳥取環境大学キャンパス内に開所した英語村。次の目的を掲げています。

・英語圏にいるような空間で、基礎的な英会話スキルとコミュニケーション能力を習得させる。

・学生には、楽しく英語に触れ、磨きをかけ、英語検定の成績向上等を支援する。

公立鳥取環境大学　英語村のホームページより

・英語が得意な学生には、さらに磨きをかけ、英語検定の成績向上等を支援する。

・留学希望学生には、留学に向けた準備としての英会話能力の向上を図る。

公立鳥取環境大学の学生を対象とした施設ですが、地域住民の参加も積極的に受け入れています。

開所は、月曜日～金曜日の12～17時（祝日、春休み、夏休み、冬休みなど大学運営期間外は休み）。チャットは随時。月末、木曜日以外は、アクティビティーが日替わりであり、スタッフ出身国のプレゼンテーション、バーベキュー、アクセサリー作り、数学クイズ、誕生日パーティーなど、月ごとにプログラムされています。開所時間中は、小学生以上（小学生は保護者同伴）なら誰でも利用でき、出入り自由で、利用料は無料。公立鳥取環境大学　英語村では、大学まで来れない人のために、「まちなか英語村」も開催しています。鳥取駅近くの公立鳥取環境大学　まちなかキャンパスで毎週木曜日に行われています。

■一般利用の場合

〈公立鳥取環境大学　英語村〉

利用時間	月曜日～金曜日　12～17時　※祝日、夏休みなどの大学の長期休業期間中は休み。
利用対象	小学生以上（小学生は保護者同伴）

〈公立鳥取環境大学　まちなか英語村〉

利用時間	木曜日　13～19時（12～3月は～18時。途中30分の休憩あり）　※祝日、お盆、年末年始など大学休業日は休み
利用対象	小学生以上（小学生は保護者同伴）

京都府京都市

京都市立日吉ケ丘高等学校HELLO Village

http://cms.edu.city.kyoto.jp/weblog/index.php?id=300704

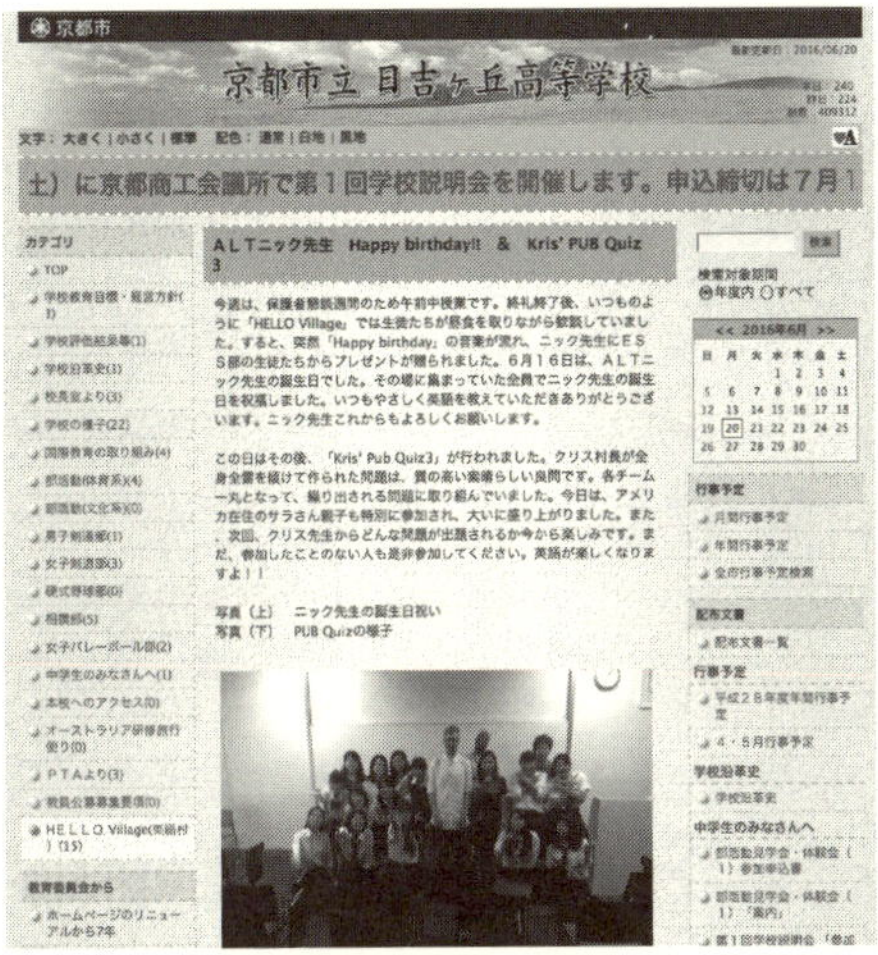

京都市立日吉ケ丘高等学校HELLO Villageのホームページより

２０１４年から「進学型単位制普通高校」に生まれ変わった京都市立日吉ケ丘高校が、そのシンボルとして全国の高等学校で初めて創設したのが英語村「HELLO Village」。楽しく英語が学べる校内留学施設として、２０１６年３月29日に開村しました。京都市立日吉ケ丘高校の生徒はもちろん、小中学生や一般市民も参加できる場として、これから広く活用される英語学習施設です。

一般市民を対象とした第１回アクティビティ

ーは「CANADA DAY」と題し、カナダ出身のクリス・オオハシ村長自ら講師を務め、カナダの自然や歴史・文化などの紹介やカナダをテーマとしたクイズを実施。英語でのクッキング講座で、カナダ風パンケーキやクッキーを手作りして食べる楽しみもあり、大盛況に終わりました。

今後も、「片言でもいいから英語を話してみたい」という一般市民が気軽に利用できるイベントを計画しています。

■一般利用の場合

利用時間	一般市民対象のアクティビティー開催時のみ
利用対象	中学生以上
利用料金	おやつ・飲み物代など
利用方法	往復はがき、もしくはホームページより申し込み

福島県岩瀬郡天栄村

ブリティッシュヒルズ

http://www.british-hills.co.jp

「パスポートのいらない英国」と題し、1994年、神田外語大学・神田外語学院を運営する学校法人佐野学園によって設立された「ブリティッシュヒルズ」は、日本で英語を学びながら英国文化が体験できる語学研修施設です。福島県岩瀬郡天栄村の森7万3000坪の広大な敷地に、英国がもっとも栄えた中世の荘園領主の館（マナーハウス）を中心とした街を忠実に再現。ここでは、通常の英語レッスンのほかに、カリグラフィーやブリティッシュクラフト、スヌーカー、アロマセラピーなど英語で文化を学ぶレッスンも選ぶこと

ブリティッシュヒルズのホームページより

ができます。常時20名以上の英語講師のほか、レセプションやショップ、パブなどホスピタリティ部門にも10～15名の外国人スタッフを配置。日本だということを忘れてしまうほど、英国にどっぷり浸かれる施設です。

ここは、宿泊施設も備えており、短期で語学上達を目指している人や団体へ向けた滞在型プログラムも用意。マンツーマンや少人数グループでの参加なら、1泊2日（4レッスン3食付き）から6泊7日（20レッスン15食付き）までであります。夕食時は英語講師も同席するので、まさに朝から晩まで英語漬けとなります。

環境的にも料金的にもぜいたくな国内留学ですが、英語学習のモチベーションを上げたい時、実際にどれぐらい話せるようになったか試したい時など、要所要所での利用はいかがでしょうか。

利用時間	施設により異なる　(例)レッスン時間11時～12時30分、14時～15時30分
利用対象	レッスンにより異なる
利用料金	1レッスン3800円／1泊2日：5万円～／2泊3日：7万円～／3泊4日：13万8000円～／6泊7日：27万円～

English Village Maebashi

https://www.facebook.com/English-Village-Maebashi-1644201249178394/

http://www.chuo.ac.jp/

群馬県前橋市

2016年10月中旬にまた一つ、英語村が新たに誕生します。2015年3月に閉校となった群馬県・前橋市の旧嶺小学校の校舎と敷地を再利用し、専門学校や語学学校を運営する中央カレッジグループが、英語体験学習施設「English Village Maebashi」をオープ

99 SHARES

小学校跡地に英語村オープン

群馬県・前橋市に、「English Village Maebashi（英語村）」が2016年10月にオープンする見込みとなりました。

前橋市は、2015年3月に閉校した「旧嶺小学校」跡地において、20年間の定期建物賃貸借契約に基づく活用事業を民間から公募。

ふたつの事業者から応募がありましたが、15年12月下旬、英語村を提案していた「中央カレッジグループ」が優先交渉権者に決定しました。

「中央カレッジグループ」は、群馬県を拠点に専門学校のほか単位制・通信制高校「クラーク記念国際高等学校」を運営する教育企業です。

「いいね！」した友達はまだいません

Global edu グローバルエデュ
23時間前

留学先として人気の、アメリカ、イギリス、オーストラリア、カナダ、ニュージーランドの英語圏5ヵ国の大使館が集結し、留学フェアが開催されます。

http://globaledu.jp/?p=17813

【7/16】米英豪加ニュー…

無料体験で始めるオンライン英会話 [PR]

【NativeCAMP】月額4950円で無制限利用
【リップルキッズパーク】キッズ専門英会話
【レアジョブ】キッズ、TOEFLまで25万人利用
【ベストティーチャー】英検準1級TOEFL対応
【Englishtown】グループレッスンで磨く話力
【マイチューター】キッズ、TEDやIELTS対応
【DMM英会話】3回無料、60ヵ国の講師と学ぶ

グローバルエデュ 24HOURS 人気10記事

- 【森美術館】「宇宙と芸術展」で宇宙を体感…サマーナイトミュージアム参加小中学生40名募集
- 【MIRAI SUMMERCAMP2016】真

English Village Maebashiのホームページより

ンします。

中央カレッジグループの長年にわたって培った英語教育のノウハウを活かし、歌やスポーツ、料理、ドッグトレーニングなどをテーマに、園児から社会人まで幅広いニーズに応えた英語体験プログラムを予定しています。ここでの公用語は、英語のみ。外国人の先生やスタッフと、「生きた英語」を使いながら遊び学びます。

平日は、小中学校のクラスや学年を1単位とした団体を主に受け入れ、土日祝日や学校が長期休暇中は、個人や家族・友人同士の小グループが参加できる事前予約制のカリキュラムを実施する予定です。また、季節ごとのイベントをテーマにした体験プログラムも予定されています。

■一般利用の場合（予定　※2016年6月時点）

利用時間	9時30分～16時30分（プログラム提供は10～16時）※主に平日開館で年間300日、週休1日を予定
利用対象	園児以上
利用料金	園児2・5時間　1500円（1800円）／小学生5時間　2500円（2800円）／中学生5時間　2800円（3100円）／高校生3時間　3000円　※平日の料金例。（　）内は前橋市民ではない場合の体験学習料
利用方法	往復はがき、もしくはホームページより申し込み

http://languagevillage.co.jp

静岡県富士市

合宿制語学学校ランゲッジ・ヴィレッジ

常設型の合宿制語学学校としては、日本初となるランゲッジ・ヴィレッジ。ここは、富士市にある宿泊施設で英語講師と一緒に合宿生活を送りながら、24時間英語漬けの生活を体験できる語学学校です。

ランゲッジ・ヴィレッジでは、レッスンはもちろん、休み時間、食事中、宿泊する部屋の中でも、コミュニケーションは英語のみ。新聞も英語版、テレビも英語放送のみで、万

ランゲッジ・ヴィレッジのホームページより

一、日本語を使用してしまった場合は厳しく注意されます。3回以上注意されても改善されない場合は、退校させられることもある徹底ぶり。ここでは、「日本語がまったく聞こえない環境が、受講生全員の権利」というポリシーで、日本語の使用イコールほかの人の権利侵害にあたると考えているからです。

1日の英語レッスンは午前3時間、午後3時間ですが、それ以外のフリータイムも英語講師と常に一緒です。そのまま食事や休憩時間でも引き続き、会話を楽しむことができます。「参加者は外国人講師を使い倒す姿勢を大切に」とランゲッジ・ヴィレッジもすすめているように、レッスン以外の時間も積極的に講師へ話しかけるのが、語学上達のポイント。

宿泊施設には、ビリヤードや卓球、テニスコートなどスポーツ施設も充実しているので、夕食前に誘い合って、講師と生徒で楽しむ姿も見られます。また、映画ルームでの映画鑑賞（参加自由）も毎晩あり、24時間英語に集中できる環境が整っています。

合宿は、最短で2泊3日（週末）コースからあり、最長で14泊15日まで連続で滞在できます。宿泊は1部屋2～8人の共同生活（別料金で個室指定可能）で、3食付き。洗濯機の使用も無料なので、滞在期間は合宿料金以外、ほとんどお金はかかりません。

チェックイン	2泊3日は金曜日、5泊6日は日曜日　※合宿定休日は毎週金曜日
利用対象	中学生以上
利用料金	2泊3日：5万3000円（税抜）／5泊6日：10万8000円（税抜）～／14泊15日：27万9200円（税抜）～

岡山県加賀郡吉備中央町

岡山英語村ナノビレッジ

http://www.velco-english.com

築100年の古民家と700坪近くある竹林、耕作できる畑などのある「岡山英語村ナノビレッジ」では、外国人旅行者が日本文化を学びながら滞在できます。一方、語学を学びたい日本人は外国人と交流しながら語学レッスンを受けたりホームステイ体験ができる施設となっています。

英語レッスンは、水曜〜日曜の朝10時から18時30分まで、その時滞在している外国人旅行者が講師となって行われます。どの時期にどういった旅行者（性別・国籍）が滞在するかは、随時更新されるホームページのカレンダーで発表。受講したい日本人はそれをチェックしてレッスンに参加します。

受講は、お試しのビジターコース（1レッスン90分）、語学学校のようにナノビレッジへ通うライトコース（週1回）、レギュラーコース（週2回）、そして英語村に住み込んで英語

岡山英語村ナノビレッジのホームページより

漬けの生活を送るスパルタコース（滞在型・定休日も滞在可）の4コースあります。

スパルタコースは短期集中で英会話上達を目指すもので、料金に入会金・レッスン料・食材費・寝具レンタル・無料宿泊が含まれ、30日間、60日間、90日間と期間が選べます。また、未就学児と保護者1名で参加できる親子英語コースなどもあり、小さな子どもからシニアまで参加できるコースが用意されています。

レッスン内容は、滞在中の外国人によってさまざまで、フリートークやゲームで進められます。ほとんどの場合、外国人1人に対し1～3名の少人数レッスンで、受講者が増えても最大5人までとなっています。

カリキュラムに縛られない外国人旅行者によるレッスンを通して、国内にいながらにして海外でホームステイをしているような経験ができます。

利用期間	水曜日〜日曜日
利用対象	年齢制限なし
利用料金	ビジターコース：1レッスン90分4000円／ライトコース：週1回レッスン月1万円 レギュラーコース：週2回レッスン月1万5000円／スパルタコース：22万円〜／親子英語コース：月1万円〜

http://www.nano-house.net

滋賀県大津市

滋賀英語の家ナノハウス

日本にいながらホームステイ体験ができる新しい形の英会話学習施設「滋賀英語の家ナノハウス」。参加者は、外国人旅行者と一緒に生活をしながら、英会話の上達が目指せます。

「会社を辞めずに働きながらホームステイ体験がしたい」「短期集中で英会話の上達を目

利用料金

7日間：7万5600円／30日間：21万6000円

滋賀英語の家ナノハウスのホームページより

指したい」「留学前の予行練習がしたい」といった声に応え、大津駅近くの築80年以上の古い町家を利用して、英語を上達したい日本人と日本旅行中の外国人旅行者が共同生活できる施設として誕生。料金には、ナノハウス滞在費（水道光熱費など）、基本的な食材（お米、パン、野菜、調味料など）、寝具レンタル料などが含まれ、さらに滞在期間中は同じ運営会社の英会話スクールに通い放題という特典もあります。

ホームステイ体験は7日間コースと30日間コースの2コース。ナノハウスに滞在している外国人旅行者との会話を通し、英語上達はもちろん、日本文化の素晴らしさも再認識できます。

大阪府吹田市

Osaka English Village

https://englishvillage.co.jp

大阪万博記念公園内「エキスポシティ」に誕生した体験型英語教育施設「Osaka English Village（=OEV）」のコンセプトは、「世界で生きる力を身に付けよう！」。OEVに一歩足を踏み入れたとたん、タイムズスクエアが広がり、通りを歩く人々の息吹が感じられ、その中で生活しているようなシチュエーションで生きた英語を実践で学ぶことができます。

海外旅行に行った時、「レストランではどう注文すればいいの？」「銀行ではどうやって口座を開設する？」「警察に紛失物を届ける時、どう伝えればいい？」といった日常生活の身近な場面で、言葉が通じずに困った経験はありませんか？　日本ならまったく問題ないシチュエーションでも、海外、それも外国人と英語でやりとりするとなると緊張して、なかなか思うように伝えることができないでしょう。

Osaka English Viillageのホームページより

ＯＥＶ館内では、銀行や警察、レストラン、ショップ、ジムなど、アメリカの日常生活や歴史、文化をテーマにしたシチュエーションルームが23種類も用意されています。もしアメリカを旅行した時、暮らした時にどう振る舞い、どうコミュニケーションをとればいいかを英語で学ぶことができます。

それぞれのルームでは、英語ネイティブのインストラクターとともに、テーマに沿った内容を体験。レッスンは初級・中級・上級とレベル分けされ、英語初心者から、英語に興味がある・大好きという人まで楽しめるカリキュラムとなっています。

利用する時は、「じゃらんネット」で予約か、当日チケット購入。事前に受けたいレッスンをチエックしておけば、館内でスケジュールを確認しながらスムーズにレッスンを受けられます。

利用時間	10〜20時（チケット販売9時30分〜最終入場19時20分）　※小学生以下は18時まで（最終入場17時20分）
利用対象	4歳以上
利用料金	入場料　540円（3歳以下は無料） 1レッスン：1080円／3レッスン：2376円／5レッスン：3780円／10レッスン：7236円

第3章

中級編

食住無料！最先端の自然派農業を学ぶボランティア留学

お互いの信頼関係で成り立つボランティア留学

海外旅行や短期留学はすでに経験済みで、海外生活にも抵抗がなく、日常会話くらいなら語学にも不安を感じない。そんな『海外中級者』なら、一歩踏み込んだ0円留学、ボランティア留学への参加はいかがでしょうか?

日本人にはまだなじみの薄いシステムですが、欧米ではとても盛んで、特に農業大国であるオーストラリアやニュージーランド、フランス、ドイツ、イギリス、北欧などでは、ボランティアをしながら旅行を楽しむというスタイルが確立しています。

その中でも、メインとなるのがファーム・ボランティア。その名の通り、海外の農場や牧場でボランティア・スタッフとして手伝うことです。一方、ホストとなる農場や牧場のオーナーも、ファーム・ボランティアを大切なゲストと考え受け入れています。

ファーム・ボランティアをするにあたり、ホストとボランティアとの間には金銭の授受はありません。**ホストは食事・宿泊場所を提供し、ボランティアは力や知識、経験をその農場で活かします。**その間を取り持つのが、『WWOOF』や『Workaway』、『HelpX』

といった仲介団体です。

例えば、あなたが海外で暮らしたい、海外のオーガニックファームに興味があるとしたら、まずは、ファーム・ボランティア仲介団体のサイトにアクセスしましょう。すると、現在、ボランティアを募集している世界中のホストの情報が簡単に閲覧できます。そこで、もし自分が希望する時期、期間、ボランティア内容のホストが見つかったら、まずは仲介団体へ料金を支払いボランティアとして登録しましょう。通常は、1回の登録につき1年間有効となります。

登録完了したら、あとはお目当てのホストへメールかサイトのフォームから連絡を取り、サイト上に明記されていない内容などを確認します。そこで、もろもろの条件が合って初めて、ボランティア参加希望を出すことができます。

しかし、せっかく申し込んでもホストから断られることもあります。すでに人手が足りている、ホストとボランティアの希望がマッチしない、繁忙期とずれているなどいろいろ理由は考えられますが、こちらの自己アピール不足というケースもあります。

あるホストは「自己紹介文が短い人は、その人となりがよくわからないから断ることもある。**下手な英語で構わないから、自己紹介文はしっかり書いてほしい**」と、受け入れ側の心境を語っています。ホスト側から見れば、メールでのやり取りしかしたことがない相手が、自分の家やキャビンなどに一定期間住むわけです。少しでも不安なところがあれば、受け入れにくくなるでしょう。

特に、日本人のファーム・ボランティアはまだまだ少ないので、日本人の受け入れは初めてというホストが大半だと思います。そういった誤解を事前に解く意味でも、たとえメールでも自己アピールは大切でしょう。

ホストからも受け入れOKが出れば、あとは期日通りに渡航するだけです。入国は観光目的となりますが、観光ビザ（ビザ不要の国も含む）でファーム・ボランティアができる国・できない国は日々変化しています。

仲介団体はビザのサポートはしていないので、事前に各国大使館・領事館、航空券手配の旅行代理店などで確認が必要となります。

海外旅行好きが高じ、ヨーロッパで3カ月間のWWOOFer生活

～川村理子さん（40歳）の場合～

ボランティアをしたファーム

「できれば、ずっと海外に住んでいたいんです」と言う川村理子さん（仮名）は、主に海外旅行ガイドブックを制作しているフリーランスの編集者です。留学経験は、20代後半でイギリス・ロンドンに1年間。社会人になって貯めたお金と親からの借金で、語学留学したそうです。その時に培った語学力を活かし、今は、1年のうち数カ月は取材で世界を飛び回る生活です。そんな忙しい日々を過ごす川村さんは、お金をかけずに海外生活をしてみたいという思いから、２０１５年、一念発起して春から夏にかけてヨーロッパ数カ国でフ

自分達用にパン作りも体験

ァーム・ボランティアを体験しました。

「ヨーロッパでのファーム体験を希望していたので、まずは希望する国のWWOOFサイトにアクセスし、ホスト探しから始めました。ただ単に野菜を作って収穫してというより、農作業の延長線上で何かを作ったり売ったりすることに興味があったので、『ファーマーズ・マーケットで自分達の作ったパンやはちみつ、ジャムなどを売っている』という紹介文があるファームを候補に入れました。結局、収穫シーズンと合わなかったので、マーケットに出たりは体験できませんでしたが、自分達用にパンを焼いたりはしました。もともとモノ作りが好きで、農場でもそういった作業がやってみたかったので、ある程度、ボランティア内容を絞って探しました。ＷＷＯＯＦのサイトには、ボランティアを募集しているホストの情報が掲載されていますが、作業内容や宿泊先、環境など詳細な情報を掲載しているところもあれば、そうでない場合も。そういった時は、**ホストに直接連絡して、知りたいことは何でも質問しました**」

川村さんが一番心配していたのは、ＷｉＦｉがつながるかどうかでした。

「ちょうど、渡欧する時期に原稿作成の仕事が重なってしまい、ファーム・ボランティアをしながら日本の編集部と原稿のやりとりをする必要があったからです。そのほか、宿泊する場所の清潔さもポイントでした。ヨーロッパらしい歴史ある古いお宅に滞在というのはうれしいですが、ただ汚いだけの場所というのは避けたかったので、きれいな家というのも選ぶポイントの一つでした。実際、ボランティアに行った家はおしゃれなインテリアで、紹介されている写真や動画からも楽しそうな様子が見てとれました。**長期滞在するんですから、『楽しそう』というのは、意外に重要なところ**だと思います」

ＷＷＯＯＦｅｒ（＝ＷＷＯＯＦを利用してのファーム・ボランティア）をしようと決めたのは秋で、実際にリクエストを出したのは年を越して1月。渡欧は3月下旬と、思い立って渡欧まではわずか半年でした。**宿泊費と食費がかからないからこそ、フットワーク軽く旅行**

資金程度の用意ですぐに渡航できるファーム・ボランティア。ロンドンで通常の語学留学をした経験を持つ川村さんにとって、大きなメリットだったといいます。2カ月で数カ国を回るスケジュールで出発しました。

「ある国のホストは兼業農家で、農作物を育てているけれど、本業は別にあるというオーナーでした。作っている農作物のほとんどは家族やスタッフで食べるためのもので、余剰分を市場に出荷するというスタイル。そこでは、種まきや水やり、雑草取りなどの農作業のほか、カボチャの苗がツルを巻き付かせるための支柱を作ったり、クッションカバーを作ったりしました。道具や材料はオーナーが用意してくれるので、それを自分で工夫しながら作るという毎日でした」

専業農家ではないため、収穫量や作業内容にそれほど高い要求はなかったものの、兼業農家ならではの難しいところもあったといいます。

「オーナーは日中、別の仕事をしているので、昼間、わたしたちボランティアがどれくらい活動していたか把握していないんですよね。だから、仕事から午後4時くらいに帰ったオーナーが『今から、これを作ろう!』って言い始めて、夜の8時や9時まで一緒に、もうひと働き……ということもありました。一応、1日6時間の作業という約束だったんで

ガーデンファーム

すが、オーナーは趣味で農業をやっているような人だったので、『作りたい！』って思ったら夕方からでも始めてしまうんです（笑）。でも、良い意味で型にはまらずフレキシブルに対応してくれるホストだったと思います。わたしが『旅行に行きたいから休みが欲しい』と頼んだ時も、二つ返事で快く許してくれるオーナーでした。別の国のエコビレッジで働いた時は、朝8時に仕事を始めて午後3時には『はい、終わり！やめて、やめてー』という感じで、きっちり6時間の作業でした。これは、オーナーの考え方次第。あらかじめメールでの問い合わせではわからないところでした（笑）」

海外生活や外国人との付き合いには慣れ

ている川村さんでも、オーナーに頼まれたら断れないのが日本人。でも、ほかのボランティアスタッフから、その「日本人気質」を注意されることも多かったそうです。

「**ボランティアをしていても日本人気質が出ちゃって、『もう時間オーバーしているけど、キリのいいところまで終わらせよう』ってついつい頑張ってしまう**んです。でも、ほかのボランティアは『もう時間だから』『自分の今日の作業はもう終わった』ってやめてしまいます。それだけならわかるんですが、翌日、**『あなたは頑張りすぎだ』って責められる**んです（苦笑）。でも、『あれだけ昨日は作業したんだから、もう今日は休みなさい』とも言ってくれます。1日の作業時間はあらかじめ決まっているんだから、それ以上はしなくてもいいという考えで言ってくれていると思うんですが、だからといって、わたしが休んだ分の作業をやってくれるわけではないんですけど（苦笑）」

それがはっきりわかったのは、夏至をお祝いするパーティーをオーナーの家で開催した時だったそうです。

「100人以上のゲストを招いた大きなパーティーで、わたしはボランティアといっても、ホスト側。パーティーの間中、次から次へと大量に運ばれてくる食器を洗うため、ずっと台所にこもる羽目になりました。せっかく来てくれた友達にも、『理子はずっとキッチンにいたから会えなかった』と残念がられてしまって。パーティー後、思わず『全然パーティーを楽しめなかった』と愚痴ったら、ほかのボランティアのみんなから、『じゃあ、やらなければ良かったのに。ホストだからゲストだからというのは気にしないで、やれる人がやればいいいんだよ。誰も頼んでないし、義務じゃないんだから』と口をそろえて言われました。それを先に言ってよー！って、みんなの割り切り方にあきれるやら、自分の日本人気質を恨むやらでした（苦笑）」

基本的に、ファーム・ボランティアには積極的に手伝いたい人が集まっているため、**ボランティアに消極的な人・さぼろうとする人には出会わなかった**という川村さん。でも、みんな無理してまで手伝う必要はないという考え方だそうです。そのため、共同生活の中でも、食事を作った人は後片付けをしなくてもいいなど、公平に役割を配分するルールが自然とできていました。

「ファーム・ボランティアで来ていたのは、下は19歳から、上は30代まで。わたしが一番年長でした。大学入学前のギャップイヤー（入試から入学まで長い期間を設け、社会経験や旅行、ボランティアといった活動ができる制度）を利用して来ていたり、仕事をやめて来ていたりとさまざまでした。目的もいろいろで、ベジタリアンでオーガニックに興味があるとか、将

みんなと庭でランチ

来、農場を開きたいからその勉強にという人から、知人や友人の紹介、単にその国で生活してみたかったからという人もいました。ほとんどは近隣のヨーロッパ諸国からのボランティアでしたが、中にはアメリカから来ている人も。わたしはどの農場でも『初めての日本人！』と珍しがられました」

オーナー家族やほかのボランティアとの会話はすべて英語だったそうです。

「全員、英語は第二外国語にもかかわらず、母国語のようにペラペラ。みんながすごいスピードで話しているのを、聞き取るだけで精一杯でした。理解して話そうとした時には、もうみんなは次の話題にうつっているので、わたしは『無口な日本人』と思われていたと思います（笑）」

滞在時期や期間はメールで渡航前にあらかじめ決めておきますが、農場に着いてから変更することも可能だそうです。

「予定より1週間早く切り上げて帰る人もいれば、逆に延長することもできました。期間変更するときはオーナーに相談しますが、時期によっては『今忙しいから、もう少し続けて』とお願いされるケースもあるものの、わりと融通がきいたように感じました。実際、わたしも1カ月延長し、最終的にはトータルで3カ月の長期となりました。ただし、**ボランティアに来ると約束したのに来ない、いわゆる『ドタキャン』はNG**です。わたしが滞在していた3カ月の間にもありましたが、オーナーが大変だったと思います。そのボランティアからの問い合わせや連絡に応じ、細かく待ち合わせ時間や場所を決め、予定を空けて迎えに行っているわけですから……。ドタキャンで特にペナルティーがあるわけではありませんが、WWOOFの場合、ホストがボランティアの評価を書く欄があります。だから、『この人は連絡もなしに来なかったから、あまりおすすめできない』という評価が書かれることはあります。次に、その人がボランティアをしようとホストへリクエストを出した時、当然、そのホストはほかのホストの評価を読むわけです。場合によっては、その評価で断られるケースもあるのかもしれませんね」

同じボランティア同士でも、国も違えば生活習慣も違います。**共同生活の中で、ちょっとしたカルチャーショックは日常茶飯事**だったといいます。

「食器洗いひとつとっても違います。一緒になったドイツ人とイギリス人のボランティアは、洗剤で洗った食器をゆすがない人がいました。泡がついていてもそのままだったり。きれい好きで知られるデンマーク人は、洗剤でテーブルを拭いたあと、水ぶきをしません。アメリカ人の中にはゴミの分別をまったくしない人がいて、それにも驚きました。たまま出会ったボランティアの個人的な生活習慣なのか、お国柄なのかはわかりませんが、飲用水にもなる水道水をジャブジャブ使える日本とは違って当たり前です。大丈夫かな？と思っても、そこは気にしない。そんなことにこだわっていたら、ファーム・ボランティアなんてできませんから」

海外での生活、外国人の友達を得た川村さん。ボランティアを通して知り合った仲間とは、今でも連絡を取り合っているそうです。

「ホスト先を探す時、『楽しそう』っていう自分の感覚を信じて選んだことは間違いじゃなかったと思います。滞在期間中は、ボランティア同士で出かけたり、ホストと出かけたり、楽しい思い出がいっぱいです。ホストは海や島へ連れて行ってくれたり、湖や庭でバーベキューをしたり、友達のパーティーへ招待してくれたり。まるで**ホームステイをしているように、わたし達ボランティアを家族や友人のようにもてなしてくれました**」

森の中にある農場で、季節も春から夏にかけての時期だったため、咲き始めた花々や鳥の鳴き声などで、日本ではふだん忘れてしまっている自然を感じることもできたそうです。

「わたしの中では、**日々の暮らしの楽しみ方を学んだことが大きかった**気がします。日本だと、バーベキューは週末にわざわざ『予定を組んで』行こう！という感じですが、ヨーロッパでは、『今日は天気がいいから、バーベキューにしようか』という気軽な感じです。暖かくなれば庭でランチ、ディナーをするし、ある日は玄関先に場所を移したりして、普通のごはんも、シチュエーションを変えるだけで楽しくなるってことを知りました。ピクニックに行くときも、お弁当を作っていきましょう！ではなく、作るのはコーヒーのみ。あとは、パンとその日にあった野菜（トマト、キュウリ、アボカドなど）、バター、チーズをバスケットに入れるだけで出かけます。ピクニックする場所で適当に野菜やチーズをパンにのせて食べるんですが、ホストは『エコじゃないから』と使い捨ての紙皿も使いません。お皿もカップも家でふだん使っているものをそのまま持って行きます。さすがにピクニックは『明日行こうか』と前日に予定を立てますが、頑張っている感じはまったくなく、すべてにおいて気負った感じがないというか……無理をせず気楽に自然を楽しむ生活を満喫している感じがしました」

自然の移り変わりが感じられる森での散歩を日課にしていたという川村さん。

「仕事に追われる日本とは違って、ファーム・ボランティア中は、考えたり心配したりすることがないからものすごく頭の中がシンプルになりました。そういう時間を持てたことは、とても良かったと思います。もちろん、農業の知識も増えましたよ。トマトとルッコラは一緒に植えたほうがいいとか（笑）」

ファーム・ボランティア体験は、語学学校では決して教えてくれない「生きた英語」を学ぶのには良かったと振り返ります。

「**ファーム・ボランティアは、生きた英語をどんどん吸収できる良い機会**だと思います。わたしにとっては、もっと話したい、でもうまく話せないというもどかしい日々でしたが（笑）。仲良くなったボランティアの1人が、今度は、わたしの知り合いがやっている日本の茶畑でボランティアをするという話も上がっています」

※ヨーロッパの一部の国では、ボランティア活動を就労とみなすケースが増えており、各国の入国管理局の判断にゆだねられています。国によってビザの取得や手続きが必要な場合がありますので、個人で申し込む場合は、各国大使館・領事館にお問い合わせください。

ワーキングホリデーで出会ったファーム・ボランティアの魅力
～鶴田優香さん（35歳）の場合～

鶴田優香さん（仮名）がＷＷＯＯＦと出会ったのは、ワーキングホリデーで滞在していたオーストラリア。1年目の終盤を迎え、2回目のワーキングホリデー＝セカンドワーキングホリデーの取得申請をしようとした時でした。

２００５年11月よりオーストラリアでは、1年目のワーキングホリデー期間内に政府指定の地域で3カ月以上、農業などの季節労働への従事がセカンドワーキングホリデーの申請条件となりました。鶴田さんも申請のために、農場に住み込んで作業に従事していましたが、1年目の終盤でその計算が狂ったといいます。

「予想外に雨が続いたんです。雨が降ると作業は中止になり、その日数は労働日数に数えてもらえないんです。セカンドワーキングホリデーの申請に間に合わない！って、本当に焦りました」

そこで出会ったのが、WWOOFだったそうです。

「今はもう、セカンドワーキングホリデーの取得申請に、WWOOFでのボランティア活動はカウントされなくなったんですが、当時は、給料を受け取る農業従事と同じ扱いだったんです。そのうえ、雨の日もカウントされたので、天気にも左右されない。農場での仕事と違ってお給料がもらえないのはつらかったですが、時間のないわたしにWWOOFはぴったりでした」

まずは、ホストの名前や住所、連絡先、紹介文などが掲載されたWWOOF発行の冊子を書店で購入した鶴田さん。当時滞在していたニューサウスウェールズ州内で、興味のあったオーガニック野菜を作っている農場を探して、直接ホストにコンタクトをとったそうです。

「ＷＷＯＯＦのサイトやアプリにも同じ情報が掲載されているので、今では日本でもホスト先を探しやすくなりましたよね。作業内容や滞在中の宿泊場所、食事はどうするのかといった細かい情報は掲載されていない場合も多いので、知りたいこと・気になることは、あらかじめメールのやり取りで確認しました」

今でこそ、オーストラリア・ニュージーランドでＷＷＯＯＦｅｒとなる日本人が増えていますが、当時（２０１０年頃）、日本でＷＷＯＯＦの認知度は低く、利用していたのは、もっぱらドイツ人やフランス人などヨーロピアンばかりだったといいます。

「当時、収入にならないＷＷＯＯＦは日本人に敬遠されていたので、ボランティアで2週間滞在した農場も日本人はわたしだけでした。でも、それが英語習得にすごく良い環境だったんです」

ワーキングホリデーでオーストラリアを訪れてすぐ、日系企業で働き始めた鶴田さん。仕事で英語を使う機会がほとんどなく、ワーキングホリデー1年目を終えようとしているのに、自身の語学力があまり上がっていないことに不安を感じていました。

「わたしがボランティアをした農場は、小規模なオーガニック・ファームでした。朝6時に仕事がスタートして、それぞれ担当する農場で収穫をします。ルッコラの担当になった時は、その成長の早さに驚きました。毎日毎日いっぱい収穫しても追いつかないくらい大忙しだったのを憶えています。それから、朝摘みの野菜を箱に詰めて、町の市場へ出荷。ここまでが、朝の作業でした」

日中は日差しが強く作業にならないため、いったん休憩となり、日が傾いた午後3時か4時くらいから再び作業が始まり、夕方くらいまでというサイクルだったそうです。

「アットホームなファームで、まるでオーナーの家にホームステイしているようでした。食事の準備や後片付けも、オーナーの奥さんとワイワイ話しながら。そこで、時事問題についで話すこともあって、知らない単語もどんどん出てきます。わたしを含め、ほかのＷＷＯＯＦｅｒも英語が達者な人ばかりではないので、通じているような、通じていないような(笑)。食事が終わったら、『じゃあ、カードゲームしよう！』『今日は映画を観よう！』と、遊ぶのもみんな一緒。**24時間英語のシャワーで、短期間でも急速に語学力が上がったのを実感**しました」

海外で働きながら収入を得て、語学力も伸ばせると多くの日本人がワーキングホリデーでオーストラリアやニュージーランドを訪れます。しかし、実際、職場で使うのは日本語ばかり、友人も日本人ばかりで、ほとんど英語の上達が見られないまま、帰国となってし

オーストラリアの農場風景

まうケースも少なくありません。その『ワーキングホリデーの落とし穴』に、鶴田さんももう少しで落ちるところでした。

「WWOOF前に働いていた農場では、周りも同じようにワーキングホリデー中の日本人ばかりで、飛び交っているのは日本語。今思い返すと、1日24時間、ずっと英語漬けだったのは、WWOOFerだった2週間だけでした」

英語力をつけるにはとても良い環境だった半面、ときどき生活に息苦しさを感じることもあったといいます。

「周囲は農場ばかりで、広大な農地の中にぽつんと母屋があるような田舎なので、徒歩ではどこにも行けず、外出はいつも車。**オーナーに車を出してもらわないと出かけられないので、生**

活が縛られているような窮屈さは感じました」

鶴田さんと同じように、ファーム・ボランティアを体験した多くの日本人が、共通して外出の不便さをデメリットとして上げています。また、宿泊する場所の事前確認も甘かったというのが、反省ポイントだったそうです。

「わたしが滞在した部屋は、ほかのWWOOFerが集まるリビングのような広い部屋の一角を、布で仕切っただけのスペースでした。そのスペース専用のドアもあったので、生活するには問題ありませんでしたが、夕食後の『カードゲームしよう、映画観よう』って誘いは断りにくかったです（笑）」

ほかにも、壁で区切られた2人部屋やキャビンなど宿泊する場所はあったので、申し込む前に確認すれば良かったと感じたそうです。

一方、セキュリティー面ではどうだったのでしょうか。不特定多数のボランティアが出入りする農場、それも女性1人での参加で、不安がなかったか聞いてみると、「まったく感じませんでした」と鶴田さん。

「もともと私が寝起きしていた部屋は共有スペースと布一枚で区切られただけの場所ですし（笑）、どの部屋も鍵はありませんでした。そもそも、オーナーが家に鍵をかけないんですから（笑）」

そこまで保安面で安心な場所だからこそ、ＷＷＯＯＦが成り立っているともいえるでしょう。

「あと、ＷＷＯＯＦｅｒはみんな働き者！　給与をもらいながら農場で働く人達より、**金銭の授受がないＷＷＯＯＦｅｒのほうがみんな真面目で働き者**だと感じました。両方を経験しているから、一層そう感じたのかもしれません」

現在は、東京の大手出版社で編集者として働く鶴田さん。今でも、語学学校で英語のスキルを磨いているそうです。

「ＷＷＯＯＦでいろいろな国の人達と共同生活をして、『もっと英語が話せるようになりたい』と痛感しました。英語のスキルを上げて、じゃあ次は何をしようって目標があるわけではないんですが……（笑）」

※２０１５年8月31日より、金銭的な報酬のないファーム・ボランティアは、セカンドワーキングホリデーの取得に必要な「農業の季節労働」にカウントされなくなりました。セカンドワーキングホリデー申請を考えている方はご注意ください。

▼ファーム・ボランティア留学　心得四カ条

一、不安・不明なことは渡航前にクリアにしておこう

「想像していたボランティア内容と違った」「宿泊場所が納屋だった」「携帯電話がつながらない」などなど、ボランティア先の農場に着いてみたら、思っていたファーム生活とは違ったというのはよくある話です。それがうれしい誤算ならいいのですが、その逆の場合は苦痛以外の何物でもありません。

海外の農場は、日本のそれとはスケールも環境も何もかも大きく違います。日本では常識で聞くほどのことではないことも、海外では当たり前といえないことは少なくありません。少しでも不安がある、これは譲れないということがあれば、**細かすぎることであっても、事前に確認**しておくことが必要です。

逆に、そういった質問に答えてくれない不誠実なオーナーなら、渡航してもトラブルとなる可能性が高いでしょう。ボランティア先候補から外す勇気も必要です。

二、日本人気質は捨てよう

真面目で勤勉で控えめできれい好きという日本人気質は、世界に自慢できる美徳です。しかし、海外の農場で、多国籍のボランティアと共同生活をするファーム・ボランティアでは、その気質によって楽しめなくなる場合もあります。

例えば、共有スペースの掃除。きれい好きな日本人は、ついつい自分で掃除をしてしまいます。ところが、日本人特有の相手を思いやって先回りする心遣いは、残念ながらほかのボランティアにはあまり理解されません。「こんなに頑張っているのに、どうしてわかってくれないの？」とストレスを抱えるくらいなら、**「無理してまで頑張らない」くらいの気持ち**で臨みましょう。

三、伝えたいことは口に出そう

言葉も作業も環境も、すべてが日本の日常とは180度違うファーム・ボランティア。そこが一番の魅力でもありますが、時にはストレスに感じることもあるでしょう。日本なら、その不満を黙っていても、周囲が気付いて改善してくれたりします。しかし、海外でそれは期待できません。ファーム・ボランティアは体力勝負の長丁場。**不満やストレスは口に出して、改善していきましょう。**

例えば、オーナーが食料を提供してボランティア同士で自炊する場合、食べたいものが食べられない、食料自体が少ないというケースがあります。日本人は「食べ物のことで注文をつけるなんて……」と我慢してしまうところですが、食べ物はすべてのパワーの源ですから、満足できないと一番ストレスを感じてしまいます。ほかのボランティアスタッフと一緒に、食べたい物リストを書いてオーナーに渡しましょう。

四、郷に入れば郷に従え

ファーム・ボランティア経験者の川村さんのように、ちょっとした生活習慣の違いにびっくりすることは少なくありません。でも、それをいちいち気にしてストレスを感じたり、逆にほかのボランティアに自分のやり方を押しつけてしまうようでは、ファーム・ボランティアには向かないかもしれません。具合が悪くなる、仕事がやりにくいといった実害が自分に及ばないのであれば、**「気にしない」「あきらめる」ことが肝心。**そういったギャップも含めて楽しむのが、ファーム・ボランティアの醍醐味ではないでしょうか。

日本語サイトもある世界最大級のファーム・ボランティアサイト ～WWOOF～
http://www.wwoofjapan.com/

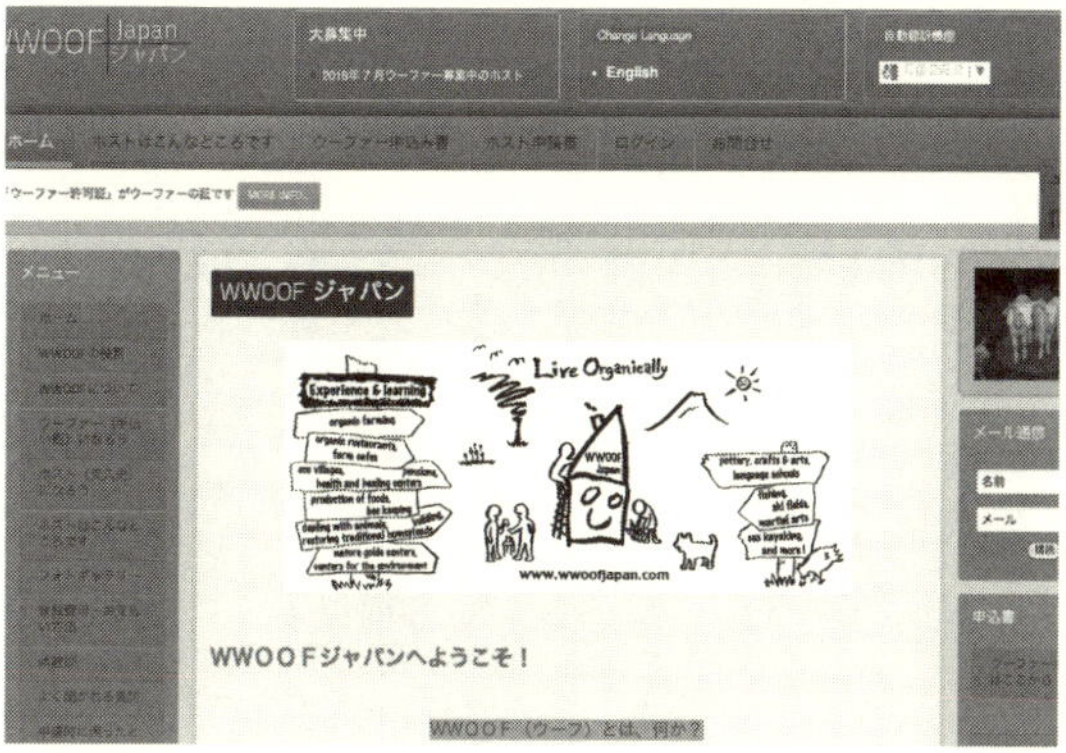

WWOOFジャパンのホームページより

海外ボランティアへの挑戦を日本事務局がサポート

ファーム・ボランティア経験談に登場した川村さん、鶴田さんの2人が利用したのは、世界最大級のファーム・ボランティア仲介団体、ＷＷＯＯＦです。名前の語源は、World Wide Opportunities on Organic Farms（＝世界に広がる有機農場での機会）の頭文字をとったもので、その名の通り、無農薬・無化学肥料で作物を栽培する有機農場のオーナーなどホストと、そこで手伝いたい・学びたいと思っているボランティアとを繋ぐ活動をしているＮＧＯ団体です。起源はイギリス・ロンドンで、１９７１

年に設立。その後、世界中の国々に広まり、今では60カ国に事務局があり、1994年にはWWOOFジャパンも設立されました。

WWOOFジャパンでは、ほかの国のWWOOF事務局と同様、主に自国のホストと外国から訪れるボランティアをつなぐ役目をしています。世界で高まる日本人気の中、和食を通して質と安全性を誇る日本の農作物も注目されています。単なる観光とは違う農業体験をしたい多くの外国人がファーム・ボランティア目的で日本を訪れ、日本の農家もそれを歓迎し、登録ホスト数も年々伸びています。

一方で、WWOOFジャパンはその逆、海外でファーム・ボランティアをしたい日本人をサポートする業務も行っています。やってみたいけれど、1人で準備を進めるのは少し不安……という人のために、次の方法が用意されています。

1．WWOOF海外 DIY

前出の川村さんや鶴田さんのように、渡航希望先のWWOOF事務局に直接自分でアクセスし、何から何まで自分1人で手続きをするのとほぼ同じコースです。すでに海外でWWOOFをしたことがあったり、まったく不自由せず英会話ができ、農作業にも慣れてい

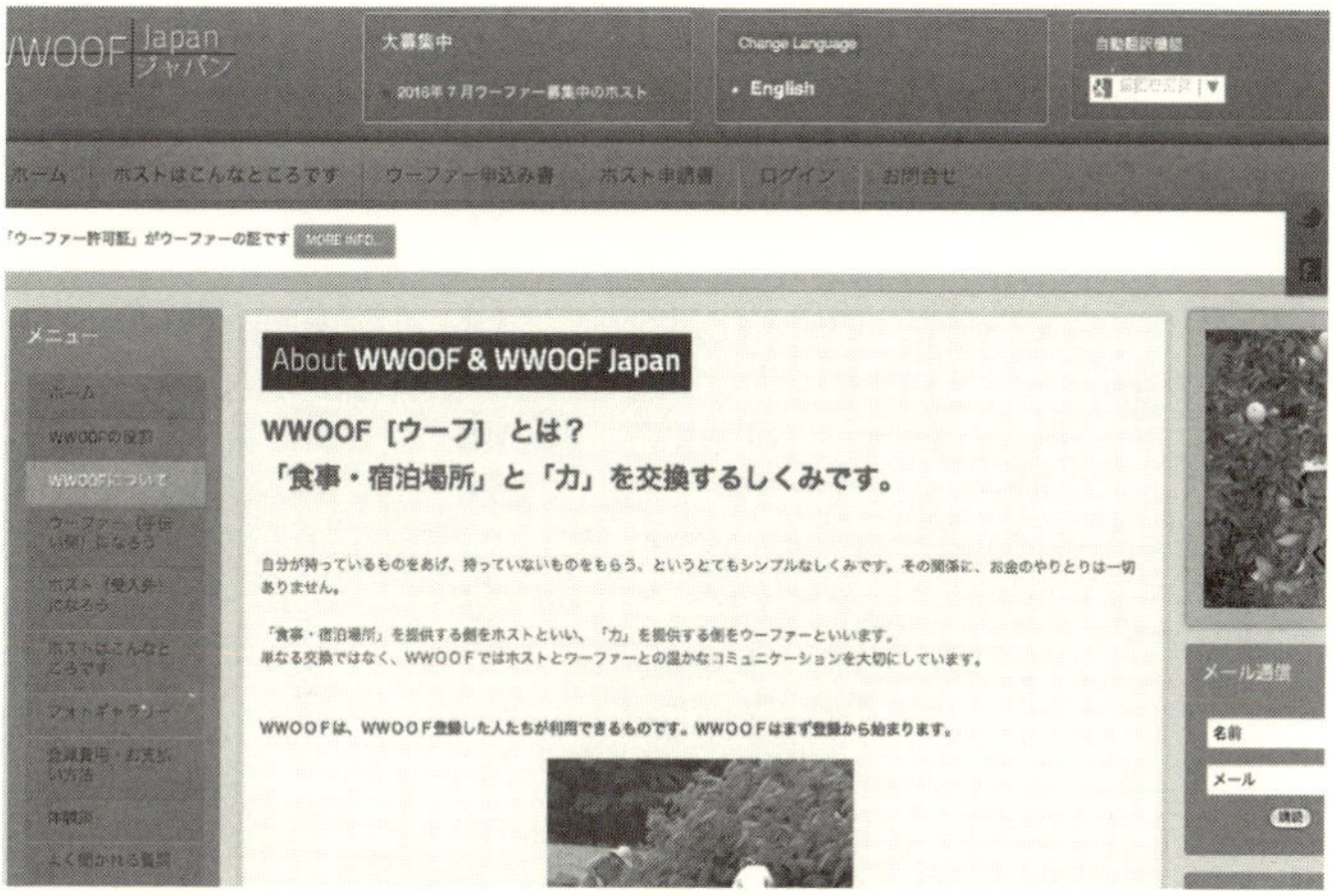

WWOOFジャパンのホームページより

て、英語のホストリストだけで問題なくWWOOFに挑戦できる人向きのコースといえるでしょう。WWOOFジャパンは、渡航希望国のWWOOF登録手続きと、日本の自宅へのホストリスト配送までやってくれます（オーストラリアの場合、WWOOF発行の冊子かアプリのいずれかのリストを選択。ニュージーランドは、冊子とオンライン閲覧の双方を利用可能）。疑問点が生じたとしても、WWOOFジャパンのサービス外であるため、自分で直接、英語や現地の言葉で、現地事務局に問い合わせすることになります。

登録対象となる国：オーストラリア、ニュージーランド（それ以外の国でファーム・ボランティアを希望する場合は、WWOOFジャパンを通さず、個人

で直接、各国のＷＷＯＯＦ事務局に申し込むことになります）

登録料：渡航希望国のＷＷＯＯＦ

申し込み・支払い期日：通常は、渡航４週間前までに申し込みと支払いを完了。ただし、年末年始の時期は６週間前まで。

2．ＷＷＯＯＦ海外　ＤＩＹプラス

ＷＷＯＯＦジャパンを通さず、自分自身でホストに質問したり申し込みをするというのは「ＷＷＯＯＦ海外　ＤＩＹ」と同じですが、出発前に疑問や不安に感じたことや困った時、ＷＷＯＯＦジャパンに問い合わせすることができます。すでに日本でＷＷＯＯＦ体験をしたり、農作業の経験があり、ある程度、英語または現地の言葉がわかるけれど、不安なところだけ少し助けてもらいたい人に向いています。

「ＷＷＯＯＦ海外　ＤＩＹプラス」を利用した場合、ＷＷＯＯＦジャパンが提供するサービスは次の通りです。

・WWOOFジャパン事務局が、ボランティア先の国のWWOOF登録手続きを行い、ホストリストを日本の自宅へ送付（国によりホストリストは、冊子かオンライン閲覧か異なります。オーストラリアの場合、冊子かアプリかいずれかを選択）。
・WWOOFの心構え、注意点記載の日本語プリントを日本の自宅に送付。
・ホストへ申し込みする場合、スムーズにやり取りするヒントや方法を教示。
・5回までメールによるサポートを実施。ホストへ申し込む際や、受け入れ承諾後の不明点などの相談に応じ、解決策をアドバイス。
・ホストとトラブルが生じた緊急時の対応。

以上のサポートが、最初のホスト先に到着するまで受けられるので、渡航前の疑問や不安を解消できます。

メールサポートでは、1回のメールにつき複数の質問ができます。ただし、あまりに質問が多く細かい場合は、DIYプラスで海外WWOOFをするレベルまで達していないとWWOOFジャパン事務局が判断する場合があります。自分はどれくらいのことができて、どれくらいのサポートを必要としているのか、自身の力量を見極めることが肝心です。

登録対象となる国：オーストラリア、ニュージーランド、カナダ、フランス、デンマーク、オーストリア、ドイツ、スペイン、アイルランド、スイス、イギリス

登録料：1万9500円（1人1カ国の料金。どの国でも費用は同じ）

サポート期間：最大5カ月

申し込み・支払い期日：オーストラリア、ニュージーランド、スペイン、アイルランド登録は、渡航予定日の4カ月前から6週間前まで（出発までにあまり日数がない場合、オーストラリア、ニュージーランドに限り、出発の3週間前までに申請書送付・送金確認できれば受付可能。ただし、年始年末やゴールデンウィークの時期などを除き、WWOOFジャパン事務局にリスト冊子の在庫があるときに限る）。そのほかの国の登録は渡航予定日の5カ月前から3カ月前まで。

そのほかに、メールでのサポート回数に制限がなく、何度でもアドバイスを受けることが可能な「WWOOF海外、特別サポート」も設けていますが、WWOOFジャパンでは、自分自身で取り組み進めていく「DIY」、あるいは「DIYプラス」をすすめています。

※ワーキングホリデービザを取得できない場合、観光ビザ（簡略ビザETA、ビザなし）

でＷＷＯＯＦ渡航が確実な国は、２０１６年６月現在、オーストラリアとカナダです。詳細は、各国大使館・領事館にお問い合わせください。

最初は日本国内でＷＷＯＯＦ体験を

ＷＷＯＯＦが提案するファーム・ボランティアは、細かなサポートを受けなくても、自立して海外に渡航できる人に向けた旅の一つの方法です。「ＤＩＹ」「ＤＩＹプラス」でＷＷＯＯＦジャパンのサポートを受けたとしても、飛行機の予約をはじめ、現地でのバスや電車などのアレンジ、到着時間や待ち合わせ場所をホストにメールや直接電話して連絡するなどは、すべて自分自身で行わなくてはなりません。

そこで、ＷＷＯＯＦジャパンでは、このような手配や手続きにあまり自信のない人や、農作業の体験をしたことがない人には、先に日本国内でＷＷＯＯＦ体験をすることをすすめています。

日本国内でファーム・ボランティアをしているＷＷＯＯＦｅｒの中には、アメリカ、フランス、ドイツ、イギリス、オーストラリア、台湾、タイなどさまざまな国から参加している外国人も多く、その割合は７割以上。ホストによっては、複数のボランティアを同時に受け入れているところもあり、そういった農場や牧場では、まるで海外に来ているような環境で外国人ボランティアと一緒に作業し交流が持てます。また、夫婦のどちらかがアメリカ、オーストラリア、ドイツなど海外から移住した外国人がホストという農場も、国内には10カ所以上あります。外国人ホストとの生活や会話も、海外ボランティアへ向けた予行演習となるでしょう。

中には、英語が得意なホストもいれば、あまり得意ではないホストもいます。外国人ボランティアとのコミュニケーションに四苦八苦しているホストにとって、英語がある程度でき、通訳を買って出てくれる日本人ボランティアは貴重な存在です。ホスト側もそういった人材の活躍を期待し歓迎しています。

日本国内のホストで、WWOOFを何回か経験し、しっかり準備したうえで、海外のWWOOFへ。そういった段取りを踏むことが、満足のいく海外体験につながる秘訣かもしれません。

登録料：5500円
申し込み：WWOOFジャパンホームページより随時

世界中でさまざまなボランティアに挑戦　～Workaway～

http://www.workaway.info

「Workaway」は、WWOOFと同じように労働を提供するボランティアと食事・宿泊を提供するホストを結びつけるボランティアマッチングサイトを運営しています。大きな違いは、WWOOFがファーム・ボランティアをメインとしているのに対し、Workawayはもっと幅広い内容のボランティア情報を提供しています。例えば、ホテルやB&B（＝ベッド・アンド・ブレックファスト。朝食提供のゲストハウス）でのボランティアから、一般家庭で家事やリフォーム、子どもやペットの世話を手伝ったりと、その内容はさまざま。その中で、仕事をしながら語学を学びたい人へ向けた情報発信を柱の一つとしており、「Information for Language Learners」を設け、その目的に合ったホストとの橋渡しを行っています。

語学上達のポイントは、まずはその言語が話されている国へ行き、言葉のシャワーをたくさん浴び、自分でもたくさん話すこと。Workawayによると、ホストの家に滞在しボラ

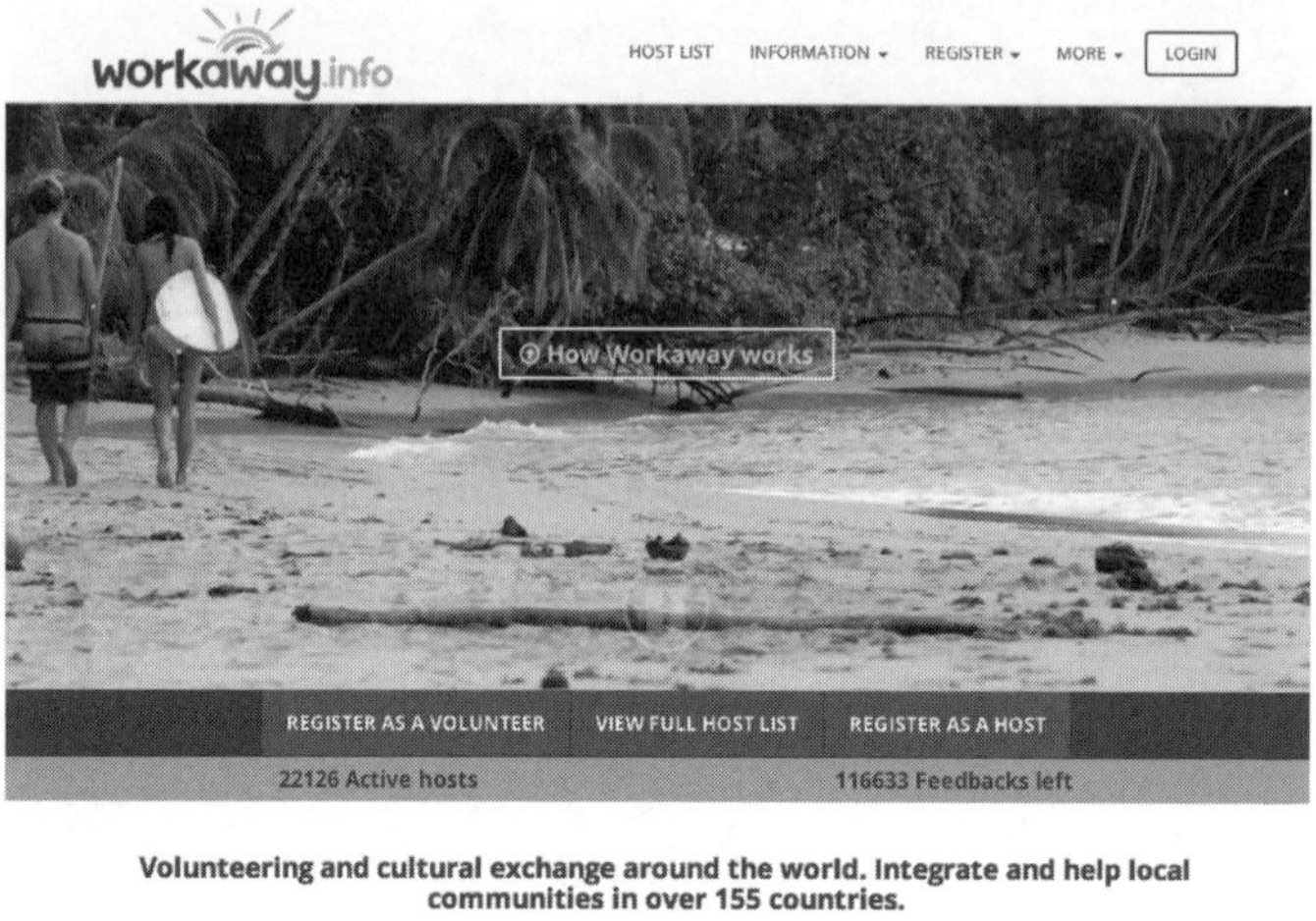

Workawayのホームページより

ンティアしながら生活するだけで、1カ月語学学校へ通うよりもずっと語学が上達するといいます。その理由として、次を挙げています。

・一緒に働く人、生活する人と必ず言葉を使ってコミュニケーションをとる。
・語学学校のように語学レベルでクラス分けされたり、母国語が同じ人同士のクラス（日本人なら日本人ばかりのクラス）に入れられることもない。
・語学授業のカリキュラムに縛られない予想外の生きた言葉に触れることができる。

よく耳にする「学校では英語が苦手だったけど、仕事で必要だったから話せるようになった」

というのは、そういう理由からです。

現在、Workawayに登録しているホストは155カ国にわたり、その数2万以上。その中から自分に合った仕事を探す場合、まずは大きくボランティアをしたいエリア・国・都市を選びます。例えば、北米エリア、カナダと選んでいくと、1186のホストがヒット。さらに都市や仕事内容を絞って検索もでき、ボランティア先が個人か団体か、ペットがいるかどうか、インターネットにつながるかどうか、ホストの評価がどれくらいあるかなどで絞ることもできます。先のカナダの1186ホストの中から、「More search options」で「school」をチェックすれば2件がヒット。乗馬学校兼宿泊施設でのお手伝いなどがリストアップされます。

ホストの情報としては、「自己紹介」「仕事の種類」「仕事の内容」「使用言語」「宿泊施設」「返事までにかかる時間」「ホストの評価」などが明記されています。それ以外の質問は、直接メールでの問い合わせとなります。

海外、それも知らない相手であるホストの家、もしくは宿泊施設に泊まってのボランティアです。Workawayでは女性には参加する上で十分注意して、できれば家族や友人同士の2人で参加することをすすめています。そのため、アカウント登録費は、1人で登録す

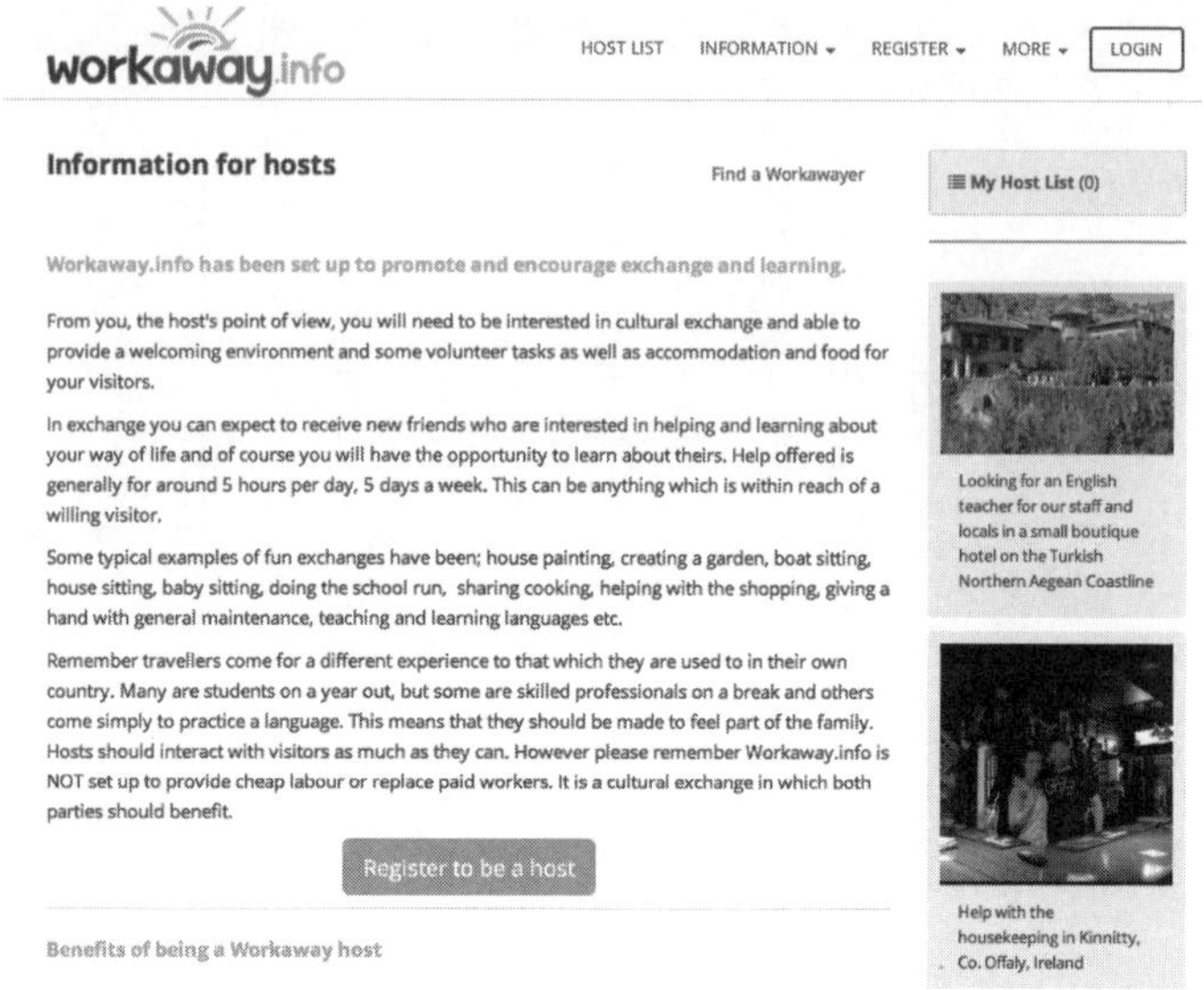
workaway.info
HOST LIST
INFORMATION
REGISTER
MORE
LOGIN
Information for hosts
Find a Workawayer
My Host List (0)
Workaway.info has been set up to promote and encourage exchange and learning.
From you, the host's point of view, you will need to be interested in cultural exchange and able to provide a welcoming environment and some volunteer tasks as well as accommodation and food for your visitors.
In exchange you can expect to receive new friends who are interested in helping and learning about your way of life and of course you will have the opportunity to learn about theirs. Help offered is generally for around 5 hours per day, 5 days a week. This can be anything which is within reach of a willing visitor.
Some typical examples of fun exchanges have been; house painting, creating a garden, boat sitting, house sitting, baby sitting, doing the school run, sharing cooking, helping with the shopping, giving a hand with general maintenance, teaching and learning languages etc.
Remember travellers come for a different experience to that which they are used to in their own country. Many are students on a year out, but some are skilled professionals on a break and others come simply to practice a language. This means that they should be made to feel part of the family. Hosts should interact with visitors as much as they can. However please remember Workaway.info is NOT set up to provide cheap labour or replace paid workers. It is a cultural exchange in which both parties should benefit.
Register to be a host
Benefits of being a Workaway host
Looking for an English teacher for our staff and locals in a small boutique hotel on the Turkish Northern Aegean Coastline
Help with the housekeeping in Kinnitty, Co. Offaly, Ireland
Workawayのホームページより

るより、２人で登録したほうが安く設定されています。

ボランティア参加には、アカウントの取得（１人29米ドル、２人38米ドル）が必要です。これは１年間有効で、取得後はすべてのホストとコンタクトが可能になります。１人で参加の場合は18歳以上が条件ですが、保護者同伴の場合は、その限りではありません。

厳しい参加条件を設けホストとボランティアをマッチング　～HelpX～

http://www.helpx.net

２００1年、イギリスでスタートした「HelpX」。ボランティアする人を「ヘルパー」と呼び、オーガニックファームや牧場、ロッジ、ホステルなどボランティアを募集しているホストを紹介しています。

HelpXは、ヘルパーに以下のルールや心構えを設けています。

1. わからないことは何でもホストへ質問し、事前に細かい打ち合わせをしたうえで、滞在の許可をもらってから渡航してください。滞在する際のガイドラインを設けているホストが多いので、詳しく聞きましょう。

2. もし、ボランティアに行けなくなった場合は、必ずホストへ連絡してください。あなたが滞在するためにホストはあらかじめ準備をしており、ほかの参加予定のヘルパーにも迷惑がかかるからです。

3. 平均して、ボランティア活動は1日あたり3~6時間。ホストの希望にそって手伝いましょう。

4. 到着後はあなたの情報をゲストブックに記入し、ホストへパスポートかそれに準じた身分証明書を見せてください。

5. 寝袋もしくは寝具の持参をおすすめします。もしなければ、あらかじめホストへ伝えておきましょう。

6. ボランティア活動する国やその内容に応じてビザ取得が必要な場合、自分自身で手配しましょう。HelpXやホストは、ビザの手配や費用の負担はしません。

7. ホストと直接連絡をとるためには、プレミア会員への登録が必要です。

8. 渡航前に、ボランティア活動の内容に合った海外旅行保険の加入をおすすめします。ホストが、パスポートと一緒に保険証書のチェックを求める場合があり、それによって信頼を得られます。

9. 最後に、これまでの経験は必ずしも必要ではありません。大切なのは、熱意と積極的な行動です。

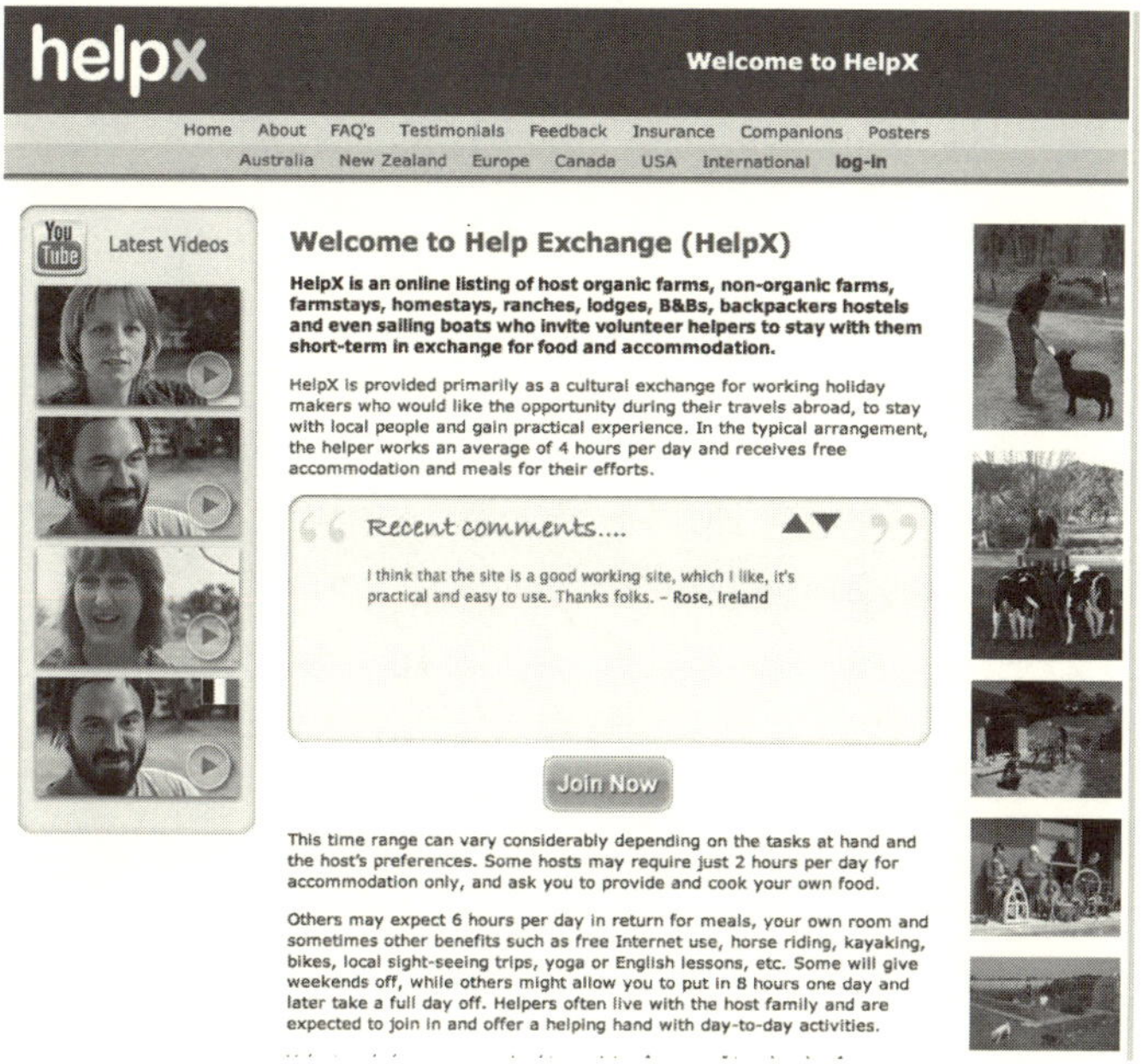

HelpXのホームページより

この条件に同意してから、18歳以上であることの確認後、男性個人、女性個人、カップル、友達同士の参加かを選びヘルパー登録をします。ヘルパーとして活動する条件が細かく明文化され、ほかのボランティアマッチングサイトより厳しく思えます。それだけ参加しているホストもヘルパーも信頼でき、安心してボランティア活動ができるといえるでしょう。登録自体は無料ですが、HelpXのサービスすべてを利用するには20ユーロ（2年間有効）の追加料金で、プレミア会員へのアップグレードが必要です。プレミア会員となると、次のサービスが利用できます。

・すべてのホストとの連絡。
・追加オプションでの検索。
・ホストのレビューの閲覧と記入。
・お気に入りホストリストの作成。
・すべてのホストの写真とウェブサイトの閲覧。
・プロフィールへの写真のアップロード。
・すべてのロケーションマップの閲覧。
・ほかのヘルパーとの連絡。

逆にボランティア活動へ参加するのに、以上のサービスなしでは難しいので、実質、参加にはプレミア会員へのアップグレードが必須といえるでしょう。

宿泊のみの提供で「暮らすように旅する」～Couchsurfing～

https://www.couchsurfing.com

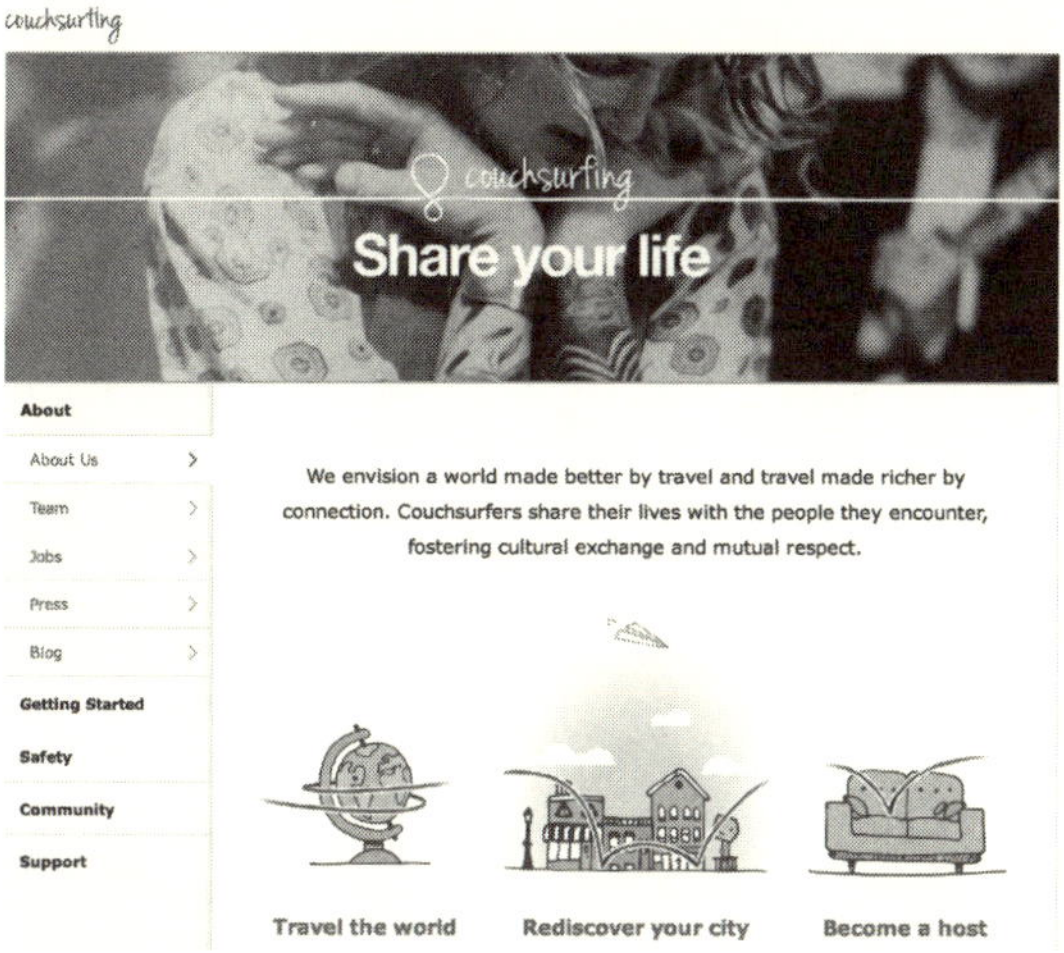

Couchsurfingのホームページより

ボランティア活動の対価として宿泊・食事を提供してもらうＷＷＯＯＦやWorkaway、HelpXと違い、Couchsurfingの参加者（＝サーファー）はお手伝い不要で、ホストは基本、宿泊のみを提供します。「より良い地球つくりのために、1カウチ（＝ソファ）ずつ貢献を」を合言葉に、アメリカ・サンフランシスコのカウナサーフィン・インターナショナル・インクがサイトを運営しています。ここでは、宿泊を提供することで旅行者との交流やコミュニケーションを楽しみにしているホストと、「暮らすように旅したい」サーファーとを結びつけています。

利用料が無料なうえ、お手伝いがともなわない分、手軽に参加できますが、Couchsurfingではホスト、サーファーの両者の身分確認に重きを置いています。詳しいプロフィールの入力や、クレジットカードによる身分確認制度、ホストとサーファーそれぞれ評価できるシステム、評価の高いメンバーによるパーソナル保証制度などを設けており、評価が低い人や少ない人は利用する際に注意するよう呼びかけています。

ホストを探す場合、まずはどこへ、いつ行きたいかといった旅行のスケジュールを入力。すると、行き先のホストがリストアップされるので、プロフィールから1人暮らしか家族同居か、ペットの有無、禁煙か喫煙かなど、気が合いそうなホストを探して選びます。その中で一番重要なのが、宿泊OKのホストかどうかという点です。Couchsurfingでは、宿泊を受け入れるかどうかはホスト側にゆだねられているので、「宿泊OK」「場合によって宿泊OK」「宿泊NGだけど食事やお茶ならOK」「旅行中のため宿泊不可」がアイコンで表示されているのでチェックしましょう。ただし、ホストによっては古い情報のまま更新していない場合も多いので、気に入ったホストが見つかったら、宿泊NGとなっていても連絡してみると、意外にOKになるケースもあるそうです。

語学上達のためにCouchsurfingを利用するなら、先にホストに挑戦してみるのもいいでしょう。1泊からと短期で受け入れができ、食事の用意も不要なのでホストとしての負担は最小限で、手軽に外国人旅行者と英語漬けのコミュニケーションができます。ただし、国によって習慣も文化もさまざまですから、トラブル予防のために、あらかじめ滞在ルールを決めておくことをおすすめします。例えば、「使っていいもの以外はさわらないこと」「海外へ電話をかけないこと」「風呂場で洗濯をしないこと」など、日本人同士なら言わなくてもわかることでも、海外からの旅行者には細かくルール化して伝えたほうが、お互い気持ちよく過ごせます。

日本でホスト経験をしておくと、外国人とのコミュニケーションや語学力の向上はもちろん、ホスト先でどう振る舞い、どういった点に気を付けたほうがいいかもわかるので、おすすめのCouchsurfing利用法です。

第4章

上級編

就労ビザ不要！ 得意の語学を活かして留学

▼語学力には自信あり！　ワンランク上の働きながら留学

「すでに、留学経験もあり、語学にも自信がある。海外での仕事探しや勤務には問題ないが、就労と並行してプラスアルファで専門的な勉強ができる学校にも通いたい」。そんな英語上級者が、さらに上のレベルを目指し、海外で学びながら働くには、どういった方法があるでしょうか。

現在、失業率の上昇や不法就労、難民問題などがあり、欧米で外国人が働くのは非常に厳しい状況です。例えば、カナダで語学留学生に人気だった「Ｃｏ－ｏｐプログラム」。これは、学校がインターンシップなど就労を含むカリキュラムを実施している場合、受講している学生に適用されるというもの。一定条件を満たせば学生でも大手を振って働けるプログラムです。Ｃｏ－ｏｐビザ、インターンシップビザと呼ばれています。しかし、２０１４年6月に学生ビザに関するルールが変更され、それまではどの学校でもＣｏ－ｏｐプログラムが適用できたのですが、カナダ政府や学校協会などの認可を受けた一部の専門学校や大学のみしか認められなくなりました。つまり、語学学校に通う学生は実質、カナダで働けなくなったのです。また、ヨーロッパで外国人の就労に一番厳しいといわれるイギリスでも、学生の就労条件は猫の目のようにコロコロ変わっており、現在は大学か大学院、その付属英語コースの留学生しか就労許可がおりません。それも、大学・大学院で週20時間、付属英語コースは週10時間とかなり制約が設けられています（学校が長期休暇中のみフルタイム勤務可）。後で登場する田中洋子さんの場合、ちょうどイギリスが留学生の就労条件を厳しくし始めた時期だったため、最終的には別の国へ引っ越すことになりました。このように、**外国人が働く条件や制度は、その国の景気や経済、外交、世界情勢と複雑に絡み合い、日々変わっています。**

その一方で、オランダのように100年以上前に締結した日蘭通商航海条約が復活し、日本国籍を持つ者なら誰でも無条件で働けるようになった国もあります。また、育児や介護にあたる労働力不足という悩みはどの先進国も抱えており、ベビーシッターや介護職といった職種に限り、留学生の就労を認めているケースも。さらに、学生の就労条件は厳しいけれど、留学生でも利用できる奨学金や補助が充実していて、授業料や生活費がほぼ無料となるフランスのような国もあります。

ここでは、ある程度英語に自信があり、自分で職探しや雇用主とのコミュニケーションが取れる英語上級者向けに、人気留学先での「働きながら留学」の道筋や方法をご紹介します。将来的には、海外での就職、永住まで考えている人はうまく利用して、留学生活をより有意義なものにしてください。

33歳で挑戦したロンドンでの働きながら留学
～田中洋子さん（44歳）の場合～

現在はドイツ在住で、世界を飛び回りながら通訳の仕事をしている田中洋子さん（仮名・44歳）。彼女の海外生活スタートは、高校時代にさかのぼります。

「奨学金を受けて、高校時代の16歳から17歳までの1年間、アメリカに留学をしたのが最初です。日本に戻って高校を卒業後、また別の奨学金制度を利用して、アメリカの州立大学に留学しました。1年半後にニューヨークへ移り、まずは1年間働いて学費を貯めた後、アメリカの短大へ転校。その後、友人の紹介でウォール街にある某日系企業に就職して3

毎日愛犬と散歩したお気に入りの公園Hampstead Heath

年間勤務した後、東京に戻って社内通訳、翻訳者として勤務していました」

海外生活も長く、語学力もキャリアも十分だった田中さんが、33歳を機にイギリスへ留学をします。それは、昔からの憧れが理由だといいます。

「日本での暮らしが3年を過ぎた頃、今後もずっと日本に住むことへの漠然とした不安が頭をよぎったんですね。あと、昔から憧れだったヨーロッパでの生活があきらめきれなかったというのもあります。でも、**どういう方法でヨーロッパに行けるかがまったくわからなくて、悶々とした日々を過ごしていました**」

でも、ある時、急に道が開け、ロンドンへの留学が決まったといいます。

「ロンドンの友人に2週間後会いに行くという時、ロンドンで仕事を探していることを海外のお友だちも含めなるべくたくさんの人にメールを送ったんです。そうしたら、長い間連絡を取っていなかったアメリカ人の友人から返事があり、共通の知人がその時ちょうど留学でイギリスにいるというのを教えてもらいました。その知人がホストファーザーを紹介してくれ、彼がわたしのためにイギリスでの職探しをしてくれたんです。で、ある会社から日本進出のための調査を手伝ってほしいという話をいただき、何度か渡英するうちに長期学生ビザを取ってイギリスへ渡ることになりました」

人と人とのつながりから、憧れのイギリス生活を手に入れた田中さん。当時、キャリア的にも恵まれており、日本の生活をすべて捨てることに周囲は大反対だったそうです。しかし、初めて触れたイギリス英語が大好きになり、英語の勉強も兼ねて渡英。2005年、33歳の時です。

「まずは、ロンドン市内の大学に1年通い、その後はITを学ぶためにコンピューター関係の専門学校に行きました。新しい分野に挑戦したかったというのが一番の理由で、大学進学は、ロンドンで開催された入学セミナーに行ったのがきっかけでした」

学校に通いながら、田中さんは並行して仕事も始めました。ロンドンの新聞で、調査会社の通訳、翻訳という仕事を見つけ応募。また、友人宅でもアルバイトをしていたそうです。

留学中は、午前中に仕事・勉強をこなし、午後は学校。その後はヨガのクラスに通ったり、仕事・勉強をする毎日だったそうです。出張が生じる通訳の仕事を受けるのは、なるべく学校が長期休暇に入る時期に調整していました。

「**働きながら勉強するという生活は、体調管理も大切でしたが、一番大変だったのはスケジュールの調整**でした。でも、それをやってきたことで、素早く頭を切り替えられるようになったし、短い期間で仕事を仕上げる集中力がついたと思います。デメリットとしては、やはりフルタイムの仕事に就けないので、アパートを探す際に大変でした。あと、金銭的にも少しきつかったですね」

当時のイギリスでは、学校が長期休暇中の時期なら学生でもフルタイムで仕事を入れることができたため、その時期に集中してなるべくたくさん仕事をこなしていたそうです。収入は、平均で月に約1000ポンド（当時約20万円）。知人の紹介で、住む場所に恵まれたこともあって生活できました。

「ロンドンにいた5年間のうち、2年ほどはハムステッドにある大きな邸宅に無料で住まわせてもらったので、生活費はかなり助かりました。そこでは、家賃の代わりに、週末は高齢の大家さんの食事を作る担当をしました。出張時にはメイドさんが代わりを務めてくれたのでとても助かりました」

田中さんがイギリスに滞在していた頃は、どんどん失業率が上がっていた時期で、彼女のキャリアをもってしても、仕事探しは大変だったそうです。

「**仕事探しは、やはりネットワーク。あとは、ほかの人にはないオリジナリティーを持つことが大事**だと思います。そのためには、まず自分には一体何ができるか、自分のオリジナリティーは何かを知ることが重要ではないでしょうか。イギリスで就労ビザを手に入れるために、どんなに悪い条件でも現地の企業で頑張って、一生懸命仕事する外国人はたくさんいます。そういった激しい競争の中、就職活動でどう自分をアピールできるか。そこが肝心だと思います」

イギリスに5年住んだ後、田中さんはオーストリアへ移住します。

「わたしが滞在していた頃（2005~2010年）から、イギリスでは外国人に対するビザ発給がどんどん厳しくなっていました。居住ビザを持っていない日本人が就労ビザを取るのは非常に難しかったため、仮に何とか仕事が見つかっても就労ビザが取れないというケースも多々ありました。さらに、こういった理由から現地の企業が日本人学生のビザスポンサーをしたがらない傾向が強くなってきたので、結果的に、イギリスを離れることを決めたんです」

オーストリアでは、専門職に付与されるリサーチャービザを取得し、通訳として3カ月就労。その後、日本人が就労ビザを取るにはドイツが一番楽だと聞き、ドイツに移ったそうです。最初に少しドイツ語を勉強した後、ヘッドハンターの紹介により、現地で仕事に就きました。

「ドイツでは仕事さえ見つかれば、日本人なら比較的スムーズに就労ビザが取れるので、そういった面での苦労はありませんでした。でも、わたしのように現地に家族はいない、知り合いも少ないというのは、すべての責任を1人で取りながら生きるということ。そういった面での厳しさは感じましたし、仕事でも同じだと思います」

海外で働く場合、一番大切なのは自立心だといいます。

「特に、わたしの場合は若い頃から1人で海外生活をしていたので、常に誰にも頼らず生きていく厳しさに直面していました。学生の頃から自立していたので、学費以外のすべての生活費は自分で稼いできましたし、ある意味、精神的にタフになれたと思います。**海外**

で働くのに向いているのは、精神的にタフであること、臨機応変な対応ができること、そしてクリエイティブな人でしょうか。それに、どういった時でも日本人としての誇りを忘れないことだと思います。逆に向いていないのは、自立心や向上心がなく、自分で考えて行動できない人だと思います」

現在は、通訳として世界中を飛び回っている田中さん。常に、日本人としての誇りを持ち振る舞うようにしているといいます。

「出張で帰国した時に感じるんですが、日本ではテレビでも新聞でもヨーロッパがとても遠い世界のように報道され、日本に現地のニュースが入ってこないことに不安を覚えます。**海外では、日本とは違った視点で世界を見ることができ、日本では味わえない数多くの経験ができる**と思います。わたしのように通訳の仕事をしていると、ふだん会えないような方々とも知り合うことができ、ネットワークが広がります。そういった時でもいつも日本人の心と誇りは忘れたくないと思っています。もう海外生活のほうが長くなりましたが、海外ではどこにいてもやはり日本人として見られます。**日本人として、いつも自分の言動や行動に気を付けるよう心がけています**」

※現在、イギリスに留学している学生のうち、アルバイトは大学か大学院、その付属英語コースの留学生のみに制限されています。語学学校や専門学校への留学では、就労は許可されないのでご注意ください。

▼海外で働きながら学ぶ　心得三カ条

一、留学生の就労条件の変更情報は要チェック

留学先の国やその周辺国の経済状況や失業率、社会情勢、外交関係によって、就労条件は変更されます。留学前にわかっていれば対応・変更ができるかもしれません。ところが、長期留学の場合はその途中で変更が発表されることもあり、留学の継続自体が難しくなるケースも少なくありません。

中級編で登場した鶴田優香さんを例に挙げてみましょう。彼女が留学していた当時は、ファーム・ボランティアの日数もセカンドワーキングホリデービザ取得申請に必要な「政府指定の地域で3カ月以上、農業などの季節労働への従事」にカウントされていました。

しかし、2015年8月31日以降は、給料明細がある季節労働のみ認めることに変更されたため、金銭の支払いが生じないファーム・ボランティアは対象外となりました。それがオーストラリア政府から発表されたのは、同年5月1日。施行されるまでわずか4カ月しかなかったため、1年目のワーキングホリデー中だった人、特にファーム・ボランティアでセカンドワーホリビザを申請しようとしていた人は大きくスケジュールを変更しなければいけなくなりました。

そのほか、「学生ビザで就労できる日数が大きく減ってしまった」、「インターンシッププログラムが大学・大学院の留学生に限定され語学学校は除外された」、「働きながら学校へ通えるプログラムに参加できる留学生の年齢が引き下げられた」など、**留学生の就労条件は、予告なく日々変化しています。**オランダでは、日蘭通商航海条約が復活したばかりですが、日本人も労働許可が必要となる動きが始まりました。残念ながら今の社会情勢では、全体的にどの国も留学生が働くことに対して厳しくなっているのが現状です。

働きながら留学の場合、就労条件変更はイコール、留学中止につながります。そういったリスクを回避するために、**留学前はもちろん、留学中でも滞在国の政府、移民局、労働局の発表にはアンテナを張り、それらのホームページはこまめにチェック**する必要があるでしょう。

二、ブラックな就労先に負けないオリジナリティーを

学生ビザで働きながら留学した人の中には、「足元を見られた就労条件で苦労した」という経験をしている人が少なくありません。日本人が海外で働き口を見つけるだけでも大変なのに、学生ビザで就労する場合は、勤務時間や日数、収入の制限があり、雇用主は移民局や労働局に書類提出が求められる場合もあります。雇う側から見れば、日本人留学生はとても使いづらい働き手といえるでしょう。

しかも、それを逆手にとって、中にはとても安い賃金で留学生を働かせる「ブラックな」企業や雇用主がいるのも確かです。多くの先進国では、最低賃金が設定されていますが、それより低い金額を提示されたという話も聞きます。しかし、働きたい留学生はごまんといて、一つの求人にその何倍もの応募があるのはわかっているため、留学生の多くは賃金の安さに目をつむって働かざるをえません。しかし、安い賃金で働くと、留学費用が足りなくなる。足りなくなると、もっと働かなければいけなくなる。働くために、さらに悪条

件の職に就く。このような負のスパイラルに陥り、留学のために働いているのか、働くために留学しているのか、わからなくなってしまいます。こうした**ブラックな雇用先を断ち切るために、あなた自身のキャリアやオリジナリティーをアピールできる仕事探しをしましょう。**

例えば、日本で塾講師や家庭教師をしていた経験があるのなら日本語講師、保育士や介護士の資格を持っているならベビーシッターやチャイルドシッター、福祉施設での介護職、接客経験があるなら日本食レストランのフロア担当など、これまでのキャリアや経験に少しでも合致する仕事ならチャレンジしてみましょう。もし、そういった経験や資格がなくても、イギリスの介護ボランティアのように、研修期間を設けている留学生プログラムを利用する方法もあります。

働くことに制限がある留学生だからといって、自分を卑下することはありません。仕事探しのポイントは、「なんでもやります」ではなく「これができます」というアピール。あなた自身のオリジナリティーを見つけ、次のステップへつながる就労先を見つけましょう。

三、海外だからこそ、人と人をつなぐネットワークを大切に

前出の田中洋子さんの場合、イギリス渡航までに十分な海外留学経験があったにもかかわらず、仕事探しには苦労しました。その理由は、ヨーロッパにネットワークを持っていなかったのが理由です。そこで彼女は、「とりあえず、知り合い全員にイギリスで仕事を探していることをメールした」ところ、古いアメリカの友人から、ロンドン留学中の知り合い、その知り合いからホストファーザー、そのホストファーザーから調査会社と、人から人へのつながりで、これまでのキャリアを活かせる仕事に就くことができました。**海外では、そういったネットワークが非常に大切で、心強い味方となります。**

まずは、仕事を探す場合、語学学校に張り出されている求人や、新聞の求人広告にいきなり飛びつかず、まずはネットワークを駆使して「口コミ」を集めましょう。語学学校の友人や先生、大家さん、ホストファミリーなどに求人広告を見せて「この仕事、どう思う？」と聞いてみるのもいいですし、「こんな仕事を探しているんだけど」と相談するのもいいでしょう。もし、誰かがすでにそこで働いているのなら、労働条件や仕事内容、オーナーの人柄なども教えてくれるでしょう。しかも、相談を受けた人達は、あなたが仕事を探し

ていること、どんな仕事を望んでいるかを知ることになります。それをきっかけに新しい仕事の話が舞い込んでくるかもしれませんし、友人知人からの紹介ならブラックな雇用主に当たるリスクも最小限に抑えられるでしょう。

ただし、友人知人から紹介してもらった以上は、適当な働き方はできないという責任も生じます。海外での日本人コミュニティは想像している以上に狭く、良い噂も悪い噂もあっという間に広がります。信頼して仕事を紹介してくれるのですから、それに応える義務があります。それが、良好なネットワークを維持するポイントであり、働きながら留学を成功させる秘訣なのです。

オランダ　～明治時代の通商航海条約が生きる国～

つい3年前まで、日本人がオランダで就労許可を得るのはとても難しいことでした。当時、日本人がオランダで就労するには、ＥＵ諸国で適切な人材がほかにいないと雇用主が証明すること、マネージャー級の高い収入を得ることといった条件を満たし、労働許可を取得する必要がありました。これは、オランダ人の雇用機会を外国人が脅かさないための

措置で、オランダにある日本企業が日本人を採用するにもこの条件は課せられました。そのため、給与の低い若い日本人やパートの就労は難しく、フリーランスでの活動もハードルが非常に高く、働きながら英語やオランダ語を学ぶというのは夢のような話だったのです。その常識が大きくひっくり返ったのが、2012年の「松風館裁判」でした。

松風館とは、オランダ・ロッテルダムにある日本をテーマとした文化会館。そこで、日本の茶室や庭園等を建設するため、日本から宮大工を招聘しました。非常に専門性が高く、EU諸国で代わりの人材を探すのは難しいことから、松風館は宮大工の就労に問題はなく、労働許可の取得も不要と考えていました。しかし、オランダ労働局はこの雇用に「Niet goed（ダメ！）」という判断を下したのです。課された罰金は、6万ユーロ（当時の日本円にして約780万円）。とても払えないと、松風館は裁判を起こします。そこで、弁護士が法廷で「オランダにおいて日本人の労働許可は不要」の根拠として持ち出したのが、100年以上前、1912年に締結された『日蘭通商航海条約』だったのです。

日蘭通商航海条約とは、明治45年（1912年）に調印され、翌年に批准。昭和28年（1953年）に復活した条約で、日本とオランダの間では通商航海の自由と最恵国待遇を原則とするものです。平たくいえば、**オランダ人と日本人はお互いの国で働く場合、労働許可の取得は不要**だという条約。戦後間もなく復活したにもかかわらず、長い間、日本とオランダ両政府に忘れ去られ、100年以上も埋もれていたのです。

その日蘭通商航海条約に日の目を浴びせたのが、「松風館裁判」のオランダ人弁護士ジュリアン・ルスキュア氏でした。彼が主張したのは、「オランダ・スイス友好条約（スイス人のオランダでの起業・滞在を容易とする条約）と同様に、明治45年に結ばれた日蘭通商航海条約で最恵国と定められる日本の国民にも、スイス人と同等の権利が与えられるべき」というものでした。この裁判でルスキュア氏の主張が認められ、日蘭通商航海条約の本格復活が日本でも報じられたのです。

海外で働きたい日本人、とりわけ若い人や起業を考えている人、個人事業主やフリーランサーにとって、労働許可不要というのは大きなチャンスとなるでしょう。さらに、**オランダに8年住むとシェンゲン協定により永住権資格が得られ**、オランダのパスポートを得ることもできます。

ただし、労働許可が不要になったからといって、ふらりとオランダへ出かけて、即座に働き始められるというわけではありません。90日以上の長期滞在の場合は、居住許可の取得をお忘れなく。現地企業での雇用が決まっている場合は、雇用主と1年以上の雇用契約で居住許可は得られます。フリーランス等、個人事業主としてオランダで働く場合は、起業による居住許可申請の手数料を移民局へ支払い、まずは会社を設立。その会社が、自身を雇用するという形で、居住許可を取得できます。

※2016年6月20日、オランダ政府移民局は、オランダ・スイス政府間で、友好条約の新しい解釈を追加し、就労条件について両国の国内法に準拠すると発表。それにともない、同年10月1日より、日本人も労働許可が必要となる可能性が出てきました。現在、オランダ政府内で協議中のため、渡航・就労の際は、最新情報をご確認ください。

アイルランド　～学生ビザで週20時間までアルバイト可～

雄大な自然の中で、2500年以上の歴史を持つケルト文化が今なお色濃く残り、数々の神話や妖精が息づく国、アイルランド。

アイルランド語と共に英語を公用語としているこの国では、長期語学留学生に限り、学生ビザの入国でも学校に通っている期間は、**週20時間までアルバイトを許可**しています。

また、多くの人が長期休暇をとる5月～8月の3カ月間と、12月15日～1月15日の1カ月間に限って、例外として週40時間のフルタイム勤務が許されています。

その長期語学留学生の資格を得るには、次の条件を満たさなければいけません。

・アイルランド政府教育科学省公認の語学学校＝ACELS校で、午前または午後、週15時間以上の授業を受けるフルタイムコースの受講を25週以上予定していること（夜間コースは除く）。

・受講コース終了時に、TIE、ケンブリッジ英検、IELTS（英語能力判定テスト）の

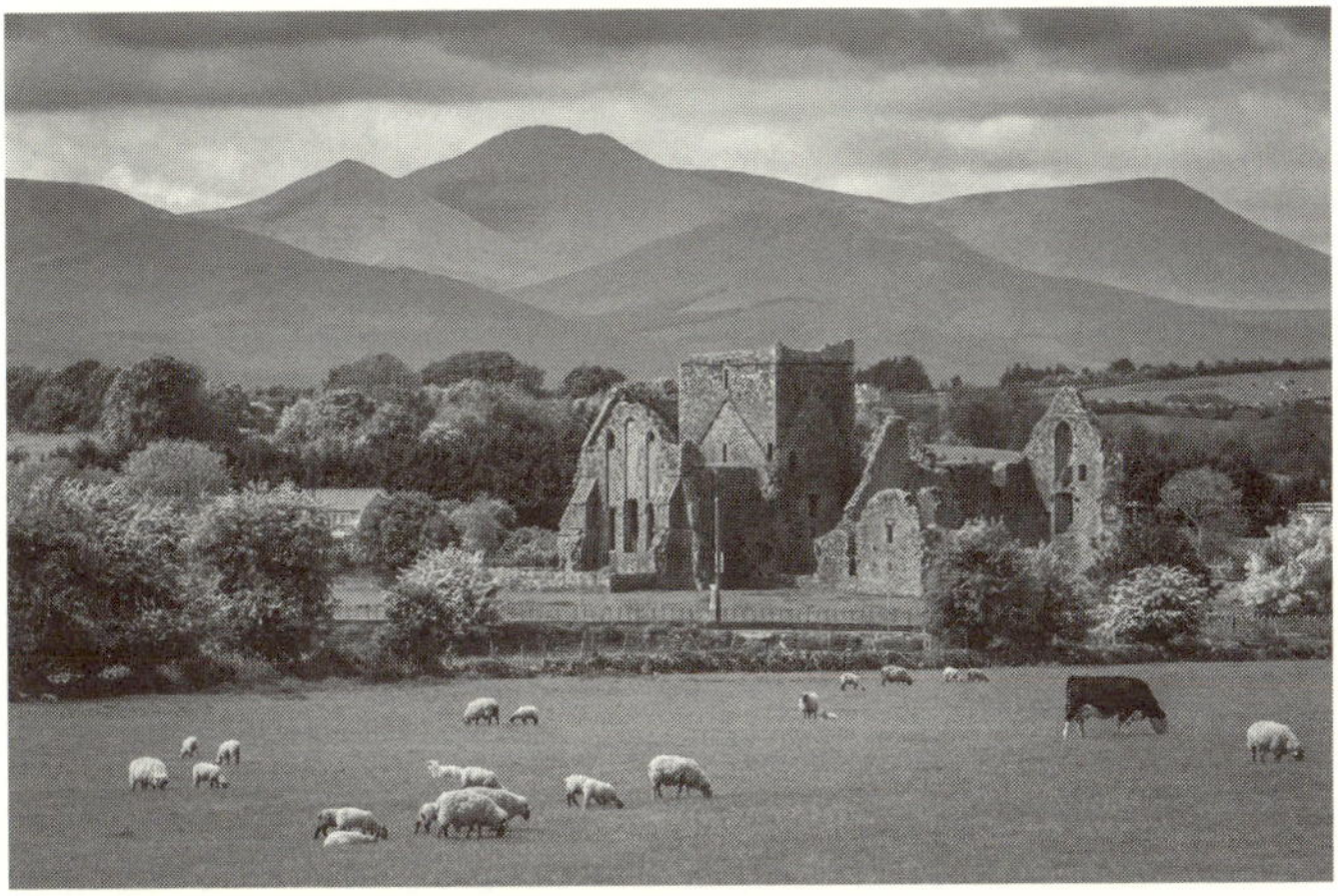

いずれかを受験すること（ＴＯＥＩＣやＴＯＥＦＬは不可）。

・長期休暇期間を含め、アイルランド滞在期間すべてをカバーする医療保険に加入すること。

以上の条件すべてを満たし、外国人登録手続きが完了していれば、アルバイトＯＫとなります。

２０１６年1月より、学生ビザでアイルランドに滞在できるトータル期間が、これまでの12カ月から実質34週へと短縮されました。ただし、３回まで現地で延長できるので、34週×３回＝１０２週、トータルで実質2年4カ月まで滞在が可能です。ただし、延長のたびに入国管理局へ行き、必要書類とビザ登録料３００ユーロ（約3万４０００円）必要。その際、出席率が85％以上であることを証明する語学学校発行の書類も提出しなければいけません。

就労時間に制限のある留学生の主なバイト先は、コンビニエンスストアやお土産物店の店員、ホテルの清掃スタッフ、レストランのホールスタッフ等です。仕事を得るうえで英語力は必須で、新聞の求人広告等で探すより、すでに働いている友人の紹介や語学学校の紹介といったいわゆる『口コミ』のほうが仕事を得やすいといわれています。

アイルランド政府が定める最低賃金は9・15ユーロ（2016年時点）、日本円にして約1070円と高水準ですが、物価の高さも有名。アイルランド自体、決して景気が良いとはいえず、日本と比べ失業率も高いので、留学してすぐに仕事が見つかるとは限りません。そういった社会情勢からか、学生ビザ申請の際、長期語学留学生の場合は、留学資金として銀行口座に3000ユーロ（約34万円）以上の残高があることを証明する書類が必要となっています。留学資金には余裕をもって計画をたてましょう。

オーストラリア
～学生ビザで2週間40時間、長期休暇中は無制限で就労可能～

ワーキングホリデー先として人気の高いオーストラリアでも、一定条件を満たせば、学生ビザで語学学校に通いながら働くことができます。

オーストラリアの学生ビザは、3カ月以上の留学をする際に取得が義務付けられているもので、この取得と同時に条件付きの就労許可も取得できます。**2週間で40時間の就労が認められており、夏休みやクリスマスホリデーなど学校が認める休暇期間中は、無制限で働くことができます。**

ただし、日本人が学生ビザを取得する場合には、次の条件があります。

・政府認定校の入学許可書（週25時間以上の受講）
・健康上の問題や犯罪歴がないこと
・6歳以上であること
・海外留学生保険OSHC（Oversea Students Health Cover）に加入していること
・該当するアセスメントレベルの条件を満たしていること

アセスメントレベルとは、オーストラリア学生ビザ申請者の審査基準を決定するために導入されている移民法規定です。日本のパスポート所持者で一般的な留学をする場合は、アセスメントレベル1となり、申請料550豪ドル（約4万2000円）を支払えば、インターネット上で学生ビザの申請から取得まで行うことができます。ただし、過去に学生ビザで入国後、学校に通わずに不法就労、不法滞在をした場合などは、アセスメントレベルの条件を満たしていないことになり、学生ビザの発給は受けられません。

また、学生ビザを取得したからといって、もう安心というわけではありません。入学後の出席率が悪ければ移民局へ通報され、学生ビザは取り消し。就学も就労もできなくなります。出席率は、各学期で80％以上が義務付けられており、その条件を満たせば、学生ビザを延長することもできます。

ようやく学生ビザを取得して、2週間40時間の就労が可能となっても、物価の高いオーストラリアでは留学費用は足りないでしょう。出費をなるべく抑えたいという人は、デミペアプログラムはいかがでしょうか。これは、**ホストファミリーの家に住み込み、個室&1日3食を提供してもらう代わりに、子どもの世話や家事をするオペアプログラムのパートタイム版**です。フルタイム勤務となるオペアのように給料の支払いはありませんが、参加年齢の制限がない場合が多く、勤務時間は週20時間以内で土日はお休みが基本となるため勉強と両立できます。1日4時間の育児・家事で、滞在費・食費が無料となるのは魅力的な条件といえるでしょう。ただし、資格や経験をほとんど問わないオペアに対し、デミペアはある程度、英語力が求められ、育児経験や保育資格があるほうが優遇されます。

また、学生ビザをどこで、どれくらいの期間で申請するかによって、申請料金が大きく変わることをご存知ですか？　2013年7月の学生ビザ申請費用の変更により、オーストラリア国内で学生ビザを申請した場合、2回目からは、550豪ドルの基本料金に加え、700豪ドル（約5万3000円）の延長申請追加料金がかかるようになりました。最初は日本で学生ビザを申請し渡航後、オーストラリアで延長申請をした場合は、かかる費用は550豪ドルのみ。しかし、再度オーストラリアで延長申請をした場合には、基本料金550豪ドルプラス延長料金700豪ドルとなるわけです。これがもし1回日本に帰国して、再度、新規で学生ビザの申請をした場合は延長料金がかかりません。

一時帰国の費用などを考えれば現実的ではありませんが、「ほぼ0円留学」を目指している以上、延長のたびに700豪ドルというのは大きな負担です。もし、留学期間の長さを迷っていたり、延長する可能性があるのなら、最初から長期で申請しておいたほうがいいでしょう。余計な延長料金を払わなくてすみます。

ニュージーランド　～雇用先未定でも9カ月滞在できる新制度～

オーストラリアのお隣、ニュージーランドには、**有能な外国人の若者を対象に就労機会を与える特定就労促進制度**（Silver Fern Job Search）があります。２０１０年4月より新規導入された比較的新しい制度で、対象となるのは国外申請のみ・年間３００人。審査に通ると、雇用先が見つかっていなくても9カ月間の滞在が許可され、その期間中に仕事探しができます。とても人気の高い制度で、申請日の受け付け開始から約30分ほどで規定人数に達したこともありました。

審査通過には、次の条件があります。

・20歳～35歳であること
・ＩＥＬＴＳ６・５点以上
・学士号または2年以上の専門職業経験を有する専門士資格
・４２００ＮＺドル（約30万６０００円）以上の滞在用資金

ワーキングホリデーよりも厳しい条件ですが、35歳までと年齢制限に幅があり、滞在できる9カ月間で仕事を得られれば、2年間の就労ビザに切り替えられるメリットがあります。

ニュージーランドで特筆すべきは、**日本人だけに認められた特権ビザ、ジャパニーズ・インタープリター・ワークビザ**の存在です。日本語と英語が話せて観光業に特化した職種で働く人を対象にした就労ビザです。ホテルやショップ、レストランといった場所で、日本人観光客を相手に通訳を務める職業に限り、3カ月以上12カ月以内、延長で最長3年まで就労しながらニュージーランドに長期滞在できます。通訳というからには、高い英語力が求められる職種ですが、観光大国ニュージーランドで日本人に一番求められている仕事であり、一番取得しやすい就労ビザです。

フランス
～フランス人の学生とほぼ同等の手厚い保障が受けられる～

フランスで3カ月以上の長期留学をする場合は、公立・私立、学校の形態に関係なく、学生ビザの取得が必要です。この学生ビザは**年齢制限なく、取得と同時に年間964時間、週に換算すると約20時間以内の就労が認められます。**少ないように感じるかもしれませんが、もともと休日の多いフランスでは、この時間でも通常のフルタイム勤務の60％にあたります。

現在、フランスの法定最低賃金は時給9・67ユーロ（約1100円）となっており、留学費用のすべてをまかなうのは難しい状況です。しかし、次で紹介する奨学金、住宅補助と併用すれば、フランス留学が経済的に現実味を帯びてくるのではないでしょうか。

フランスでの「働きながら留学」をおすすめする一番の理由は、その手厚い補助です。**学生ビザを持つ留学生は、フランス人の学生とほぼ同等の権利をもち、奨学金や住宅補助の受給などができます。**

まずは、奨学金。フランスはもともと奨学金制度が充実しており、年間数万円程度の授業料負担で大学に進学できます。それは外国人留学生に対しても同様で、フランス外務省は多額な予算を割き、学生をバックアップしています。フランス政府留学局・日本支局Campus Franceのホームページで奨学金が検索できるようになっているので、どういった奨学金があって、自分はどれが利用できるのか、簡単に検索することができます。

次に、住宅補助アロカシオン・ロジュマン・エテュディアンについてご紹介しましょう。

フランスにはさまざまな種類の手当てがあり、国民の1人ひとりの生活水準や状況に合わせて政府が経済的援助を行っています。そのうちの一つが、住宅補助アロカシオン。フランス人と同様に、次のものを用意すれば外国人も受給申請ができます。

・現住所と賃貸料の確認・照合ができるもの

写真は『巴里のアメリカ人パリジェンヌの秘かな楽しみ方を学ぶ』（ビジネス社発行）より

・フランスの銀行預金口座名義（住宅補助金入金用口座）
・フランスでの納税申告（収入がない場合でも納税申告は必要）
・学生社会保険への加入（高等教育機関に4カ月以上登録した28歳以下の学生のみ）

受給申請は住み始めて3カ月以内に、援助手続きをする機関CAFのサイト上で行います。

条件をクリアすれば、高等教育機関ではなく私立の語学学校登録の学生でも受給することができます。

学生ビザ以外で「学びながら留学」できるビザでは、「社会人の研修生ビザ」いわゆるインターンシップビザがあります。フランス国外の企業で働く人を対象に3カ月以上12カ月以下（1回のみ延長申請可能）での就労が可能です。一般企業はもちろん、日本で会社形態の個人事業主（フリーランスや個人商店など）でも、このインターンシップビザを利用して留学することができます。ただし、学生ビザからインターンシップビザへ切り替える場合、就学期間を超えて働くことはできないので注意しましょう。

イギリス　～介護ボランティアとして憧れの国で働く～

外国人が働きながら留学する国として、もっとも難しいといわれているイギリス。しかし、日本を含め先進国では、育児や介護に従事する労働力が慢性的に不足しており、イギリスもその一つです。それを、海外からの労働力で解決しようとしたのが、ボランティアホリデーというプログラムです。**イギリスの社会福祉施設や病院、グループホーム、個人宅などでボランティア活動に従事しながら英語やイギリス文化を学び、食事・宿泊の提供、週40ポンド（約5500円）程度の生活費が受け取れる**というものです。

このプログラムを利用する場合は、Tier 5（Temporary Worker - Charity Worker）ビザを取得しての活動となります。例えば、イギリス最大規模のボランティア団体CSV（Community Service Volunteers）などがサポートするボランティアプログラムでは、参加する条件が次の通りとなります。

・18〜35歳までの心身共に健康な男女
・4カ月以上12カ月未満、週40時間程度のボランティア活動の実施
・TOEIC700以上もしくはIELTS5・5かそれと同等の英語力
・プログラムの主旨を理解し、社会人としての責任ある行動をとれること

TOEIC700以上かIELTS5・5の英語力があって初めて、現地マネージャーとの面接が受けられるCSVボランティア。採用が決まった場合、勤務条件・待遇は次の通りとなります。

・ボランティア期間の宿泊・食事の提供
・ボランティア期間の公的医療保険の加入

・基本週休2日制（派遣先により多少異なる）
・週約40ポンド（約5500円）の生活費補助
・4カ月間活動後、1週間の休暇
・活動先決定後の派遣地までの交通費支給

ただし、配属先はCSVの決定に従うことになりますし、プログラムの参加費用やビザ申請費用、海外旅行傷害保険加入費用、日本・イギリス間の航空券代などは自己負担となります。通常の語学留学をするより4分の1～5分の1の費用で滞在できますが、フルタイム勤務となるため語学学校には通えず、自己資金がまったく不要というわけでもありません。「それでもイギリスでの海外生活にこだわりたい」という人には、ボランティアホリデーは選択肢の一つとなるでしょう。

ドイツ　～大学附属の語学コースで授業料無料＆学割適用～

残念ながら、ドイツでは語学学校に通う留学生には、アルバイトが認められていません。

ただし、外国人局や連邦雇用庁の許可があれば、学校が長期休暇に入っている期間のみ、就労が許されています。

もし、ドイツでなるべく安く留学したいというのであれば、語学学校よりも国公立大学付属の語学コースをおすすめします。この場合、**フルタイムで年間90日、半日勤務のパートタイムなら年間180日のアルバイトが認められています**（州によって多少異なるので滞在する州の法律を要チェック）。さらに、**外国人留学生でも学費はほぼ無料で、在学期間中、市内の交通費も無料。学割適用で国民健康保険にも加入できます。**滞在先は学生寮やルームシェアが多く、アルバイトをしなくても月に10万円ほどで十分に留学生活が送れるそうです。そのため、アメリカやイギリスなど学費が高い国からの留学生が増えており、今では約24万人、ドイツの全大学生の10％以上を占めています。

前出の田中洋子さんが「日本人にとってドイツは学びやすく働きやすい国」と言うように、ほかのEU加盟国の中では、留学生に寛容なドイツ。ただし、働いて収入を得た場合は、たとえ留学生であっても一定以上の収入があれば、税金や社会保険料の納付対象となります。所得税の場合なら、年収が7664ユーロ（約87万円）を超えると課税されます。

逆に、月収450ユーロ（約5万1000円）以下のアルバイトは、所得税はもちろん源泉徴収税もかからないので、申告も不要です。

イタリア　～アルバイトも正規雇用で身分保障＆福利厚生充実～

イタリアでは、**就学用滞在許可証の取得で、週20時間以内、もしくは52週間1040時間以内であれば働くことができます。**

就学用滞在許可証は、イタリア入国から8営業日以内に申請しなければいけませんが、主な必要書類は次の通りです。

・必要事項を記入した申請書類一式
・パスポートのコピー（空白ページを含む全ページ）
・海外旅行傷害保険（留学保険）保険証券コピー
・イタリア全滞在期間中の生活を保証する書類（英文の銀行残高証明書など）
・大使館・領事館印の入った入学許可証のコピー

申請には、収入印紙代、郵便局での手数料、カード式滞在許可証発行手数料などもかかります。その後、滞在地区の警察署にて指紋の採取を行い、ようやく就学用滞在許可証の発行となります。取得には手間も時間もかかる就学用滞在許可証ですが、これで3カ月以上1年以内のイタリア滞在が認められます。

就労に関して、日本とイタリアで一番違うのは、正社員・アルバイトの区別がないこと。フルタイム勤務でもパートタイムでも、全員が正社員で、雇用主は正規雇用として労働局への届け出、身分の保障、福利厚生、納税が義務付けられています。

雇用される側としてはとてもうれしい労働条件ですが、正社員雇用は初期投資がかかります。雇用する側としては正直、短期就労それも語学に不安のある留学生の採用には自然と二の足を踏んでしまいます。そのため、仕事がなかなか決まらなかったり、中には正規雇用しないまま不法就労させる悪質なケースもあり、留学生が働く際の弊害にもなっています。

カナダ　～保育・介護の経験者なら「住み込みケアギバー」～

職業は限られますが、カナダには、**ホストファミリーの家に住み込みで育児や家事の手伝いをしながら学校に通う「住み込みケアギバー（Live in Caregiver）」というプログラム**があります。

2014年6月より、働きながら学校に通えるCo-opビザが語学学校への留学生に認められなくなったカナダ。しかし、夫婦の共働き率が高く、育児や介護の担い手が国内では不足しているという理由から、この職種限定で、政府が積極的に海外からの働き手を受け入れているのです。事前に、保育・介護の就業経験か就学経験があること、雇用主を見つけることが条件ですが、年齢制限なく参加可能です。

住み込みケアギバーへの参加条件は、次の通りです。

・ポジティブLMOを取得していること。
・ビザ申請者と雇用主のサインの入った書面雇用契約書を取得していること。
・高校卒業または同等の学歴を保持していること。
・過去3年以内に、幼児教育または看護・介護医療関連の正規教育を6カ月以上受けていること。
・1年以上フルタイム有給で幼児教育または看護・介護医療関連で働いた経験（同じ雇用主で6カ月以上）。
・英語またはフランス語を話す・読む・理解することに問題ない語学力を持っていること。
・事前に雇用先が決まっており、カナダ入国時に就労ビザを取得すること。

保育・介護の就業経験か就学経験があり、なおかつ事前の雇用先探しとハードルが高いように思えるかもしれません。しかし、実はカナダの学生ビザ、就労ビザ条件をうまく利用すれば、長期の「働きながら留学」が実現できます。

語学学校のCo-opビザ発給はなくなりましたが、政府公認の専門学校に通う留学生は対象となります。そこで、チャイルドケアが学べる専門学校に通いながらアルバイト（6カ月以上学校に通うことが条件で週20時間以内）をし、修了後に雇用先を見つけ、住み込みケアギバーへ移行すれば、留学費用を最大限に抑え、なおかつ資格条件もクリアできます。

さらに、住み込みケアギバープログラムは移民カテゴリーであるため、**フルタイムで24カ月または3900時間の就労条件を満たしたら、カナダの永住権申請が可能**となります。移民申請時に有効な住み込みケアギバー就労ビザを保持していること、住み込みケアギバー就労ビザで入国した日から4年以内が条件。環境面でも治安面でも、住みやすいカナダでの永住権獲得の近道といえるでしょう。

また、オーストラリア、ニュージーランドにも同様の住み込みケアギバープログラムがありますので、保育・介護・医療に携わっている人は、留学を希望する際の選択肢の一つに入れてみてはいかがでしょう。

韓国　〜留学後半年たったら条件付きで就労可能に〜

大学付属の語学コースや一般の語学学校へ通い、91日以上の滞在となる留学生はD―4（一般研修）ビザの取得となります。延長手続きは韓国国内ででき、最長2年まで可能です。

このD―4ビザの場合、留学が6カ月を越えたら、出入国管理事務所で資格外活動許可を受けることができます。この許可を受けることで、**平日は週20時間以内、土日祝日や長期休暇中は無制限でアルバイトが可能**です。D―2（留学）ビザとなる大学・大学院・専門大学に通う留学生の場合は、入学後すぐに資格外活動許可が得られ、在学中は有効となるので、より働くのに有利な条件となります。

ただし、90日以下の短期留学は就労禁止なのでご注意ください。

※すべての情報は、２０１6年6月現在のものとなります。

第5章
番外編2
青年海外協力隊という選択

青年海外協力隊とは

http://www.jica.go.jp/volunteer/

「海外で生活したい、働きたい」と思った時、選択肢の一つに必ず上がるのが、青年海外協力隊ではないでしょうか。「よく耳にするけど、青年海外協力隊って何?」と思っている人も多いでしょう。青年海外協力隊とは、日本政府の政府開発援助（以下、ＯＤＡ）の枠組みで、独立行政法人国際協力機構（以下、ＪＩＣＡ）が実施するボランティア事業の一つです。50年以上の歴史を誇り、派遣された隊員は、いわば「国を背負って」開発途上国でボランティア活動に従事します。

「語学力にも自信がないし、2年の派遣期間は長すぎる。海外でのボランティア活動には興味があるけど、責任を果たせるか心配。そんな自分が海外で役に立つのかもわからない」

そういった不安から、青年海外協力隊の応募に二の足を踏んでいる人も多いでしょう。しかし、実はそれは誤解で、とてももったいない判断だということをご存じでしょうか。

青年海外協力隊の応募に必要な語学力の目安は、英検3級（ＴＯＥＩＣ330点以上）。これは、中学卒業程度の英語力を指します。そもそも、派遣先で必ずしも英語が通じるとは限らないので、そこに合わせた語学を集中的に学ぶ派遣前訓練が行われます。また、派遣期間も基本は2年ですが、1カ月〜1年未満の短期ボランティアの募集もあります。期間の長さに不安がある場合は、まず短期ボランティアに応募するのもいいでしょう。

ODAの枠組みで日本代表としてボランティア活動をするわけですから、責任の重さは一般の留学やボランティア活動とは違います。しかし、見方を変えれば、**しっかりしたバックアップとサポートを受け、安全を確保された中、開発途上国でボランティアに従事**できるともいえます。まずは、青年海外協力隊の応募・選考方法や派遣までの流れ、研修や派遣期間中の手当、どういった派遣先でどういった人材が求められているかなど、基本の基本をご紹介しましょう。

▼意外に知らない　青年海外協力隊の基本のキホン

JICAのボランティア事業には、主に20〜39歳の方が応募できる青年海外協力隊と、40〜69歳が対象のシニア海外ボランティアがあり、それぞれ派遣期間が2年の長期ボランティアと、1カ月〜1年未満の短期ボランティアがあります。

これまで隊員を派遣した国は88カ国、累計約5万人。2016年3月末現在、71カ国2041人が活動中で、そのうち半分以上の1182人を女性が占めています。最近多い派遣地域はアフリカで、アフリカ大陸南東部に位置するマラウイ共和国のように、世界最貧国や地域などから、派遣要請が多く寄せられています。

青年海外協力隊の募集は1年に2回、派遣は年4回となっています。直近となる2015年秋の募集では、105職種・953人の募集に対し、1313人が応募。523人が合格し、倍率は約2・5倍でした。JICA青年海外協力隊事務局によると、派遣先で**求められる人材は、「開発途上国の厳しい環境の中で、自発的に行動できる人。言葉や習慣の違いやさまざまな制約にも明るく前向きに向き合い、謙虚に乗り越えていこうと努力できる人」**。資格やキャリア、語学力よりも、個人の人間性によるものが大きいそうです。

合格後は、事前学習、健康診断・感染症検査、そして訓練所入所となります。訓練所は福島県二本松と長野県駒ケ根の2カ所あり、約70日間、合宿形式にて訓練。語学研修や安全対策研修など派遣先に合わせた訓練を受け、終了の約2週間後に赴任というスケジュールとなります。

派遣先の多くが途上国ということもあり、赴任するにあたって一番不安を感じるのがセキュリティー面でしょう。ＪＩＣＡ青年海外協力隊事務局でも、**「今も昔も、ボランティアの安全管理が重要事項の一つ」**と考えています。

「常に治安状況に配慮した派遣を行い、赴任後も引き続き、隊員には安全に関する情報提供や注意喚起を行っています。住居は、防犯性の高いところを選び、防犯設備などの強化、緊急時の連絡手段の確保として携帯電話を貸し出すなど安全第一としています」の言葉通り、ＪＩＣＡでは隊員の安全を確保したうえで、現地のニーズに応えたボランティア活動を行っています。もし、派遣中に現地の治安が急激に悪化した場合などは、近隣国や日本への一時退避、派遣地域の変更などで対応。万が一、事故や災害などでけがなどした場合、労災保険海外派遣者特別加入（業務上の傷病に適用）か、国際協力共済会（業務外の傷病に適用）のいずれかによって補償されるそうです。

そして、任務完了後の隊員のアフターフォローにも力を入れています。長期ボランティアの場合、2年も日本社会から離れるため、かつては帰国後の就職難を心配する声が多く上がっていました。それを受け、現在は、帰国隊員向け求人情報サイト「進路情報ページ」での進路情報の提供や、進路指導カウンセラーによる進路相談などが行われ、次のステップへのサポートが手厚く行われています。

▼青年海外協力隊員の懐事情

生活費

青年海外協力隊はボランティア事業ですから、報酬としての給料はありません。ただし、派遣中には現地の物価に見合った生活費が支給されます。それは国ごとに異なり、月に300～600米ドル（約3万～6万円）と幅があります（長期派遣の場合）。

住居費

派遣中の住居は、基本的に受入国政府が提供することになっていますが、国によっては適当な住居提供が見込めず、現地のJICA事務所が借り上げたり、国によってはJICAの指示により、JICAボランティア、他国ボランティア、現地の人と住居のシェアや、ホームステイになる場合もあります。住居を借りる場合は、生活費とは別に、住居費もJ

ICAが負担します（ただし、派遣先で定められた上限額の範囲内）。

経費

派遣中、活動に必要な経費や資機材は、受入国政府が負担することになっています。ただし、受入国側の財政的な問題で、十分な経費・機材の提供ができない場合があります。実際、コンピュータ技術を指導するために派遣されたのに、現地に到着したら、1台もパソコンがなかったというケースも過去にありました。活動に支障が生じ目標が達成できないといった事態を防ぐため、受入国の自助努力を損なわない範囲で、JICAが経費や資機材を提供する制度があります。機材は、時間や手間、その後の修理などを考え、日本にしかないもの以外は、現地購入となっています。

派遣前後の手当

青年海外協力隊へ応募するにあたって、一番気になるけれど一番聞きにくいことなのが、「国内での選考や訓練中に手当は出るのか」という点ではないでしょうか。

まず、選考過程でかかる交通費は、二次審査の面接・実技試験が東京で行われるため、

青年海外協力隊員の各種手当

	無職（雇用保険非受給者）	無職（雇用保険受給者）および無給の現職参加者
本邦支出対応手当（毎月国内口座に振り込み）	40,000円／月×訓練期間	40,000円／月×訓練期間
	55,000円／月×派遣期間	55,000円／月×派遣期間
帰国初動生活手当（帰国時一括支給）	10,000円／月×派遣期間	10,000円／月×派遣期間
帰国社会復帰手当（※）（帰国時一括支給）	20,000円／月×派遣期間	不支給

（※）帰国社会復帰手当は、雇用保険の受給延長を行う場合は不支給。

国内移動の旅費の一部を、規程に基づいてＪＩＣＡが負担します。ただし、選考日当日に限った国内移動の交通費のみが対象で、海外在住者の海外・日本間の航空運賃は支給対象とはなりません。

無職もしくは無給休職でボランティアに参加する場合、派遣前訓練や研修期間中、派遣中は、本邦支出対応手当が支給されます。これは、日本を留守にする間にかかる費用、例えば税金などの負担を軽減するために支払われるもので、自営業者も対象となります。いずれも給与のように、毎月指定の国内口座に振り込みされます。

それ以外に、帰国初動生活手当、帰国社会復帰手当の支給もあり、2年間の長期ボランティアを終了して帰国すると、一括で72万円が口座に振り込まれます。帰国してから次のステップに進むまでの「つなぎ」として、金銭面でのサポートがあるのは心強いでしょう。

ただし、短期ボランティアの場合はこの2つの手当はなく、雇用保険受給者および現職復帰する参加者も帰国社会復帰手当は不支給となりますので、ご注意を。

キャリアを活かしベトナム北部で観光プロモーション
～鈴木志穂さん（31歳）の場合～

「初めて青年海外協力隊を知ったのは、電車の中吊り広告。その時はただ、JICAという名前を覚えたというだけでした。でも、ハワイ留学を終えて日本に帰国した時、学生時代の友人が『JICAボランティアに応募してみれば？』って言ってくれたんです。それまでは思いつきもしなかったんですが、俄然、興味が湧きました。学生ではなく社会人としてもっと世界を見て、新しいことに挑戦したいって思ったんです」

現在、ベトナム北部・ニンビン省で日本人観光客誘致のためのプロモーション活動やウェブサイト制作に携わっている鈴木志穂さん（仮名）。以前は、アメリカ・ハワイで6年間留学生活を送り、大学では観光学を専攻していました。卒業後はそのままハワイで観光業の職につき、帰国後はイベント制作会社で観光系イベントの企画制作や運営、マーケティング、プロモーションなどを担当していたそうです。観光業一筋、まさに「観光のプロ」の鈴木さんは、青年海外協力隊に応募する際、迷わず「観光」を選びました。

「これまで、わたしが培った知識や経験が赴任先で役に立つのは『観光』という職種だと。中でも、活動内容にマーケティング、プランニング、プロモーションが含まれていることを重視して選びました。逆に、派遣先の国には特にこだわりがなかったんです。『郷に入れば郷に従え』というスタンスで、まずは活動内容優先で応募しました。でも、強いて言えば……暖かいところがいいなってくらいでしょうか（笑）」

青年海外協力隊は基本2年の赴任となるため、学生なら休学、社会人なら休職・退職などの手続きが必要です。鈴木さんは応募当時、すでに会社を辞めており、資格取得のための学校に通っていました。

「応募しようとしていた職種の要請内容に、バイク免許取得が必須（※P194参照）とあったんですね。じゃあ、バイクの免許を取らなきゃって、合格後すぐに自動車教習所に通い始めました」

退路を断って臨んだ青年海外協力隊の試験で、鈴木さんが心がけたのは「わたしという人物像を相手に理解してもらうこと」でした。

「簡潔な文章で読み手にわたしという人物像をイメージしてもらい、興味をもってもらうことを心がけて書類選考の応募書類を作りました。二次選考で気を付けたのは、応募時に提出した書類で何を書いたかしっかり思い出して、自分の中でぶれないようにしておくことでした。人間というのは、『あの時はそう思ってたんだけど』っていうことが結構ありますよね（笑）。言葉っていうのは不思議なもので、自分の『青年海外協力隊に参加したい』という気持ちは変わらなくても、シチュエーションや伝える相手が違うと、同じ言葉でもまったく違った意味で伝わってしまうことがあります。書類選考と二次選考の審査員が違う可能性もあるので、応募時の気持ちを思い出すことはとても重要だと感じました。**『わたし』という人物像を、相手側と共有することに重点を置きました**」

合格後、派遣前訓練として、約70日間の合宿に参加しました。

「派遣国の言語学習や集団生活、ボランティア活動、ＪＩＣＡボランティアとしての心構え、開発途上国での生活、安全管理などについて学びました。体力づくりのための早朝ジョギングなどもありましたよ。集団生活で規則なども厳しかったですが、そのおかげで体

配属先が主催した視察ツアーを実施

調管理もできるようになったと思います。**同じ時期に訓練を受けた隊員は、派遣国も職種も年齢もさまざま。そういった人達と、たくさんの出会いやいろいろな意見・議論があり、とても良い刺激を受けました**」

そしていよいよ派遣先、ベトナム・ニンビン省へ。日本人観光客市場の開拓・増加を望む現地の要請に応え、鈴木さんは派遣されました。

「初めてベトナムに降り立った時、立派な空港や大きなビル、川にかかる橋などが目に飛び込んできて『ここは本当に開発途上国なの?』と疑問に感じました。想像していたベトナムと大きく違っていたんです。でも、これは首都や大きな都市に限ったことだと、そのあとすぐにわかりました。わたしの派遣されたニンビンなど田舎のほうは、まだまだ開発途上で、ボランティアの手を必要としていました。でも、ベトナム人への印象はガラッと変わりましたね。ベトナム人には物静かで少し引っ込み思案な印象を持っていましたが、実際はすごく積極的。人懐っこく、物怖じしない人が多いです。彼らのパワーには圧倒されます」

赴任して最初に鈴木さんがしたことは、「郷に入れば郷に従え」。応募時の言葉そのままに、**その土地と人に慣れることから始めた**そうです。

「文化も習慣も違い、土地勘もない場所なので、いきなり仕事はできませんし、できるとも思えませんでした。赴任直後は、業務よりもまず土地と人に慣れることが最優先。観光地としてニンビンには何があるのか、何ができるのかを把握することから始めました。とにかく資料を読みあさり、わからないことはブラッシュアップして、それぞれ項目にまとめてから同僚に質問。現地調査に行ったりして知識を深めました」

今は、ニンビンにある観光地のプロモーション活動や資料作成、アンケート調査、日本語ウェブサイトの制作、おみやげ開発などを行っている鈴木さん。

「一番困っているのは、ニンビンの観光情報が統一されていないことと、横の連携が取れ

ニンビンの伝統工芸品を調査

ていないことです。例えば、わたしの派遣先が持つ情報と各関係機関の持っている情報に違いがあったとします。でも、今は、どれが正しい情報なのかわからないまま、各所が確認を取らずパンフレット等を発行している状況です。そのため、発行日が最新でも載っている内容が古かったり、間違った情報が載っていたりすることがあります。また、観光地の調査を行った際、1カ月前の情報と現在の情報が違うこともあります。そういうトラブルが重なったので、人に聞くだけではなく、実際に自分が現地に赴き、現地の人と話をし、正確な最新情報を見極めるようにしています。その情報と派遣先が持つ情報が違う場合は再確認してもらい、正しい情報に是正してもらうようにしています」

赴任先での鈴木さんの朝は、6時の起床から始まります。ホストファミリーと一緒に生活しているので、食事は基本、朝・昼・晩の3食をホストファミリーと一緒にとっています。7時には業務が始まり、資料作成、観光地調査、ホテルや旅行会社との打ち合わせ、観光案内などが17時まで続きます（間に昼休憩2時間）。仕事が終わった後は、友人とカフェに行ったり、運動をしたり、写真を撮ったり。週に1回は同僚の子どもに日本語を教え、予定がなければ家でゆっくり過ごすそうです。仕事は月～金曜で、土日はお休み。休日には買い物に出かけたり、同僚の家で食事をごちそうになったり、日本の家族や友人と電話やSNSで連絡をとって過ごしているそうです。

「生活の中で一番困ったことといえば、ニンビン省の位置するベトナム北部の冬の寒さですね。暖房器具を持っている家庭が少ないので、**家の中でもダウンジャケットは必須で、部屋でも常に毛布にくるまっています。**それなのに、冬はお風呂のお湯が出にくくなり、水浴びになることも日常茶飯事です。そのたびに風邪をひいてしまうので、数日シャワーを浴びない日が続くことも。風邪の治りも遅いです。お湯が出ない時は、タオルで体を拭くなどして対応していましたが、やはりお風呂には入りたいですね（笑）」

住まいは、もちろんJICAの厳しい安全基準をクリア。何かあった場合はいつでも、

ベトナム国内外の旅行会社を招待し、現地視察ツアーを実施

JICAベトナム事務所の担当企画調査員やナショナルスタッフに連絡が取れる体制が整っており、鈴木さんは気になることがあったらすぐ相談をしていました。もしもの時のために、緊急時連絡網も定期的に更新しているそうです。

しかし、首都ハノイのような都会とは違った意味で、安全面に気をつかうこともあるといいます。

「わたしの派遣先では、夜10時にもなれば街中もほとんど人気がなくなるので、9時までには家に帰るようにしています。見た目で外国人だとすぐわかるので、バスの中などでも知らない人に話しかけられることが多く、そういう人たちにはホテルに住んでいると言っています。住所が広まらないように用心して、自宅近くのホテルで降りるようにもしています。また、要請内容にバイク免許必須とあったように、ベトナムはバイク社会です。どこに行くにもバイクで移動。日本では考えられませんが、バイクが歩道を走ったり、道路の逆走や信号無視も多いです。普通に街を歩く時でも、いつバイクが走ってくるかわからないので、あらゆる方向に気を配っています」

間もなく2年の任期を終えようとしている鈴木さん。最近、ニンビンの観光マップを完成させたそうです。

「一番うれしかったのは、わたしの作ったニンビンの観光マップが日本人だけでなく、ベトナム人にも好評だということです。そのおかげで、派遣先にデザインなどの依頼が来るようになったり、問い合わせが増えて旅行会社と頻繁に連絡を取ったりできるようになりました。しかし、まだまだ進行中のプロジェクトが多いので、達成感はありません。**派遣先が満足していても、わたしの中では妥協してしまった部分もあり、むしろ悔しい思いのほうが大きいです。**が、わたしの活動が、少しでもニンビン観光の発展の足がかりとなればと思っています」

海外での留学経験・就労経験もある鈴木さんだからこそ、青年海外協力隊として活動できたことは、大きな意味があったそうです。

ホーチミン市で開催された国際旅行博

「がむしゃらに勉強し、自由奔放だった留学生活とは違って、**青年海外協力隊の自覚を持って活動することは、物事を客観的に見て冷静に判断する視点をわたしに与えてくれました。**人生を振り返るきっかけになり、誰1人わたしを知らない異国の地で、わたしの経験やスキルがどこまで通用するかを試す機会にもなりました。『国の代表』という心構えでベトナムに来ている。その自覚を持つだけで、発言にも気を付けるようになりましたし、周りのことにも気を配れるようになったと思います」

そんな鈴木さんが考える青年海外協力隊に向いているタイプは、甘え上手な人、フットワークの軽い人、どのコミュニティにも属さない人。「特定のコミュニティに属してしまうと、その

ハノイで開かれた国際旅行博に参加

ぶん視野が狭くなってしまうとわたしは考えています。だから、**『属す』のではなく『参加する』くらいのスタンスが取れる人のほうが向いていると思います**」

逆に向いていないのは、自己主張が強い人、人に頼れず自分1人で完結してしまう人、思い込みや責任感が強過ぎる人だそうです。柔軟に文化の違いを受け入れられるかどうかがポイントで、その異文化交流を通して、鈴木さんは今まで経験したことのない新たな発見や考えが生まれる経験をしました。

「**異文化を受け入れ、伝えることで視野が広がり、たくさんの人たちに出会うことができました。**わたしの活動に協力的な人もいれば、興味のない人、消極的な人もいます。しかし、活動を通して『ニンビンで観光発展のボランティア活動をした日本人がいた』という記憶がどの人にも残ればいいなと思っています。また、海外から見た日本を知ることもでき、視野がぐっと広がりました。自分のこと、日本のことをもっと知るという意味でも、青年海外協力隊は魅力的な活動だと思います」

任期終了後は、この経験を元にまた新しいことに挑戦しようと考えている鈴木さん。

「まだ、具体的には明かせないので残念ですが……。しかし、わたしにとって第3の故郷となったベトナムの今後に携われるような活動もしていきたいと考えています。ベトナムをはじめ、世界の開発途上国はさらなる発展を目指し、日々新しく変わろうと努力しています。決して自分本位の考えや都合だけで青年海外協力隊に参加するのではなく、彼らのその努力にふさわしい熱意と敬意をもって応募してもらえればと思います」

※配属先の事情により、活動をすすめるうえで、バイク免許習得が必要な場合があります。それにあたり、現地事務所では十分な安全対策を行っています。

▼即戦力かサポートか　時間制限有りなら短期ボランティア

青年海外協力隊は派遣人数は少ないものの、1カ月～1年未満の短期ボランティアの募集もあります。年4回の募集で、4月中旬、8月上旬、10月中旬、2月上旬を予定しており、20歳から39歳まで応募可能（シニアは40～69歳）。通常の長期ボランティアとは異なり、JICAホームページに掲載されている短期ボランティア要請の中から一つの職種だけ選ぶ応募となり、青年海外協力隊等ほかのボランティアとの併願はできません。

これまで短期ボランティアは、2つのタイプに分けて募集されてきました。一つは、長期ボランティア活動の中継ぎや活動環境の確認・整備を行う即戦力となるAタイプで、JICA長期ボランティア経験者か累計6カ月以上の短期ボランティア経験者、途上国での国際協力業務6カ月以上の経験者が応募条件となります。もう一つは、主に長期ボランティアをサポートする補佐的な活動で、JICAボランティア未経験者でも応募可能としています。

ただし、2016年8月の応募より、このタイプ区分は撤廃となります。長期ボランティアや途上国での業務経験の有り・なしでばっさりと分けるのではなく、各国、各ボランティア要請案件に合わせて、より適した人材派遣を目指すためにあえて区分を廃止することになりました。

２０１６年3月末現在、短期ボランティアで活動中なのは、40名。うち、男性27名、女性13名となっています。職種は、珠算・サッカー・コミュニティ開発・養殖・青少年活動等さまざまで、求められる人材も青年海外協力隊と同様です。ただし、派遣前研修は最大5日間程度と短く、約70日間もある長期ボランティアとは大きく異なり、語学研修もありません。また、合格から派遣まで約1カ月ほどしかなく、隊員にはスピーディーな対応が求められるスケジュールとなります。

短期ボランティアは長期に比べ、派遣人数も要請案件も少なく狭き門ではありますが、もし自身の経験が生かせる案件があればチャンスです。いきなり2年は難しいけれど、青年海外協力隊に挑戦してみたい。そういう人なら、短期ボランティアから始めてみるのもいいでしょう。

▼開発途上国で第二の人生を　家族随伴可能なシニアボランティア

ＪＩＣＡでは、シニア世代が参加できるボランティアも実施していることをご存知でしょうか？　その名も「シニア海外ボランティア」。青年海外協力隊よりも上の世代、40歳から69歳まで参加可能で、２年の長期と1カ月～1年未満の短期があります。

青年海外協力隊よりも応募年齢が高くなるだけ、募集要項は主に次の違いがあります。

・ボランティア受け入れ国は約60カ国
・生活費は１カ月６００～１５１０米ドル（約6万～15万円）
・住居は、生活に支障のない最低限の電気、水道、通信設備が確保されている１ＬＤＫ程度の大きさの集合住宅、独立家屋または現地住民の家屋の離れ等
・家族の随伴可
・家族手当が加算
・健康診断一時帰国制度がある（派遣期間が2年の場合のみ）

一方、派遣予定国からの要請内容にも違いがあります。これまで積み上げた経験を赴任先で活かす活動が求められるため、より長いキャリアや経験年数が要請条件に入っているケースがあります。２０１６年3月末現在、４２５名が海外で活躍中で、男女の割合は3対1と男性のほうが多くを占めています。２０１５年秋の募集では、２２５名の募集に対して、４０８名が応募、95名が合格となっています。合格後は、青年海外協力隊と同様に訓練期間がありますが、半分の約35日間と短縮されています。ただし、訓練所から自宅に戻ってから引き続き言語の在宅ウェブレッスンを35日間受講することが義務付けられています。

隊員の年齢が高くなるだけ、気になるのが派遣先での健康管理でしょう。シニア海外ボランティアは、応募の際に提出する健康診断の項目が青年海外協力隊のそれとは異なり、より詳しく確認する内容となっています。それをふまえ、赴任する国の医療事情を考慮した派遣を行っており、健康診断一時帰国制度なども設けられています。

南米で活かす日本語教育　日系社会ボランティア

ＪＩＣＡのボランティアにはもう一つ、日系人社会のある南米約9カ国限定の「日系社会ボランティア」というものがあります。青年海外協力隊は、政府間の派遣の取り決めによって派遣されるのに対し、日系社会ボランティアは日系人団体からの要請で派遣されるというのが、大きな違いです。

戦前戦後に、日本から海外へ移住した人は、南北アメリカを中心に約１００万人。中南米では現在、移住した日本人やその子孫・約１７０万人が日系人社会を組織し、日系人同士の交流や親睦、相互扶助の活動を行っています。そこからの要請で派遣される日系社会ボランティアは、日系の人々に日本語や日本の文化を教える「日系日本語学校教師」と、高齢化を迎えた日系人社会の医療・福祉分野の支援をする「高齢者介護」の2つが主なものとなっています。また、野球やソフトボールなど日本で人気のスポーツを通して日本式の礼儀などを教える活動など、比較的身近で応募しやすい職種などもあります。

派遣期間は2年で、20歳~69歳まで応募可能。派遣中の手当や待遇などは、青年海外協力隊やシニア海外ボランティアとほぼ同条件となっています。２０１５年秋の日系社会青年ボランティア募集では、74名の募集に対し71名が応募。27人が合格となっており、そのうち約6割が日系日本語学校教師となっています。

31歳以上でも申請できる奨学金一覧

留学資金を調達する方法として、地方自治体や外国政府等、民間団体の奨学金制度を利用する方法があります。

「奨学金は、学生しか応募できないんじゃないの?」

「年齢制限があるから、奨学金なんて無理」

そう思って、最初から奨学金をあきらめてしまった人も多いのではないでしょうか。確かに、一般的な奨学金制度では、支給対象を学生や研究者に限定しているケースが多いですが、中には30歳オーバーの社会人が利用できるものも存在します。ここでは、次の条件に当てはまる奨学金制度をご紹介しましょう。

・応募資格に31歳以上も含まれるもの。
・現在、社会人でも応募できるもの。
・研究者や専門資格がなくても応募できるもの。
・給付型（返済が不要）のもの。

特に、一定以上の語学力は求められますが、留学先となる国の政府が外国人留学生に給付する「外国政府等奨学金」は、年齢や資格の幅が広く、中には短期留学や語学コースにも適用される奨学金もあります。

社会人だから、年齢が……と、あきらめてしまう前に、まずは自分が応募できる奨学金を探してみましょう。

●IELTS Study UK 奨学金
https://www.britishcouncil.jp/exam/why-take-exam/scholarships

●公益財団法人　イノアック国際教育振興財団
http://www.inoac-scholarship.jp/

●公益財団法人　インペックス教育交流財団
http://www.inpex-s.com/

●アーモスト大学　内村鑑三スカラシップ
http://international.doshisha.ac.jp/study_abroad/uchimura_scholarship/uchimura_scholarship.html

●公益財団法人　ユニジャパン　海外フィルムスクール長期留学支援制度
http://unijapan.org/

●公益財団法人　ロータリー日本財団奨学金
http://piif-rfj.org/scholarship.html

●CWAJ奨学金プログラム
http://www.cwaj.org/Scholarship/scholarship-j.html

●NPO法人　高木仁三郎市民科学基金
http://www.takagifund.org/

●NPO日本スコットランド協会　高橋&ハワット記念奨学金
http://www.japan-scotland.jp/jss_overseas_scholarship.htm

●公益財団法人　東華教育文化交流財団
http://www.donghua.or.jp/

●TOEFLテストスカラシッププログラム
http://www.ets.org/toefl/scholarships/

●公益財団法人　二十一世紀文化学術財団　海外留学助成金
http://www.kikawada21.com/homepage/index.htm

日本学生支援機構奨学金

●海外留学支援制度（大学院学位取得型）
http://www.jasso.go.jp/ryugaku/tantosha/study_a/long_term_h/

主な地方自治体奨学金

●「埼玉発世界行き」奨学金〈学位取得コース〉
http://www.pref.saitama.lg.jp/a0306/global/globalscholarship.html

●埼玉県　山西大学への奨学生派遣事業
http://www.pref.saitama.lg.jp/a0306/sanscholarship.html

●埼玉県・クイーンズランド州スカラシップ〈短期英語留学プログラム〉
http://www.pref.saitama.lg.jp/a0306/icte-uq.html

●フィンドレー大学（米国オハイオ州）・福井県奨学生
https://www.f-i-a.or.jp/ja/fia/findlay/

●山梨県　アイオワ州派遣短期留学生
http://www.pref.yamanashi.jp/kokusai/event/iowa.html

●三重県私費海外留学生奨学金
http://www.mief.or.jp/jp/shougakukin.html

●四日市市科学教育奨学金
http://www5.city.yokkaichi.mie.jp/menu73641.html

●東近江市　姉妹都市奨学生
http://www.city.higashiomi.shiga.jp/

主な民間団体奨学金

●IELTS北米奨学金
http://www.eiken.or.jp/ielts/

●公益財団法人 吉田育英会
http://www.ysf.or.jp/scholarship/visitor/universal/os_guideline.html

主な外国政府等奨学金

アジア

●インド政府奨学金
http://www.indembassy-tokyo.gov.in/ICCR_General_Scholarship_Scheme_2015.html

●インドネシア政府奨学金（ダルマシスワ）
http://darmasiswa.kemdikbud.go.id/darmasiswa/?page_id=524

●大韓民国政府奨学金（大学院）
http://www.studyinkorea.go.kr/en/main.do

●シンガポール　DR GOH KENG SWEE奨学金
http://www.mfa.gov.sg/content/mfa/overseasmission/jakarta/goh_keng_swee_scholarship.html

●台湾奨学金
http://web.roc-taiwan.org/jp_ja/cat/21.html

●中国政府奨学金
http://www.csc.edu.cn/Laifua/scholarshipen.aspx

●ブルネイ・ダルサラーム国政府奨学金
http://www.mofat.gov.bn/Pages/BDScholarshipen.aspx

主な民間団体奨学金

●日本財団国際フェローシップ
http://intl-fellow.jp/application/

●日本スコットランド交流協会奨学金
http://www.jpn-scot.com/jsa_scholarship_jpn.html

●日本/世界銀行　共同大学院奨学金制度
http://www.worldbank.org/ja/country/japan/brief/scholarships

●公益財団法人 ヒロシマ平和創造基金
http://www.hiroshima-pcf.or.jp/

●BCJA奨学金
http://www.bcja.net/scholarship_guide.html

●公益財団法人　船井情報科学振興財団　Funai Overseas Scholarship
http://www.funaifoundation.jp/scholarship/scholarship_guidelines.html

●公益財団法人　平和中島財団
http://hnf.jp/shogaku/

●公益財団法人 ポーラ美術振興財団
http://www.pola-art-foundation.jp/grants/zaigai.html

●公益財団法人　本庄国際奨学財団
http://hisf.or.jp/sch-j/abroadabroad.html

●公益財団法人 ロータリー米山記念奨学会 中華民国扶輪米山会奨学金
http://www.rotary-yoneyama.or.jp/

●公益財団法人　ロームミュージックファンデーション
http://micro.rohm.com/jp/rmf/enjo_boshu/eb.html

●ドイツ学術交流会（DAAD）留学奨学金
http://tokyo.daad.de/wp/

●ハンガリー政府奨学金
http://www.mfa.gov.hu/kulkepviselet/JP/jp/

●フィンランド政府奨学金
http://www.studyinfinland.fi/tuition_and_scholarships/cimo_scholarships/finnish_government_scholarship_pool

●フランス　エッフェル奨学金
http://www.campusfrance.org/fr/eiffel

●ブルガリア文部科学省奨学金
http://praktiki.mon.bg/sp/

●ベルギー国フランス語圏共同体奨学金
http://japan.diplomatie.belgium.be/en/scholarships-and-business-training/scholarships-and-research

●ポーランド政府奨学金
http://www.tokio.msz.gov.pl/ja/bilateral_cooperation/science/shogakukin2016/

●ラトビア政府奨学金
http://www.viaa.gov.lv/eng/international_cooperation/scholarships_gov/latvian_scholarships/

●リトアニア政府奨学金
http:/stipendijos.lt/en

●ルーマニア政府奨学金
http://stipendijos.lt/en

主な外国政府等奨学金

ヨーロッパ

●アイスランド政府奨学金
http://www.arnastofnun.is/page/studentastyrkir_menntamalaraduneytis_en

●アイルランド政府奨学金
http://www.embassy-avenue.jp/ireland/study/

●EU エラスムス・ムンドゥス
http://eacea.ec.europa.eu/erasmus_mundus/index_en.php

●イタリア政府奨学金
http://www.studyinitaly.jp/scholarship/italia.html

●英国外務省チーヴニング奨学金
http://www.chevening.org/

●オランダ　EP-Nuffic
https://www.epnuffic.nl/en/scholarships

●スペイン政府奨学金
http://www.aecid.es/ES/becas-y-lectorados/convocatorias-maec-aecid

●スロバキア共和国政府奨学金
http://office.studyin.sk/grants/goverment-stipends.html

●チェコ共和国政府奨学金
http://www.mzv.cz/tokyo/ja/x2005_07_07_3/x2006_11_21/index.html

●デンマーク政府奨学金
http://ufm.dk/en/education-and-institutions/programmes-supporting-cooperation-and-mobility/the-cultural-agreements-programme

主な外国政府等奨学金

北米・南米・オセアニア

●アメリカ　フルブライト奨学金

http://www.fulbright.jp/scholarship/index.html

●ヴァニエ・カナダ大学院奨学金

http://www.canadainternational.gc.ca/japan-japon/academic_relations_academiques/vanier.aspx?lang=jpn

●コロンビア政府奨学金

http://www.icetex.gov.co/dnnpro5/inicio

●メキシコ政府奨学金特別プログラム

http://amexcid.gob.mx/index.php/oferta-de-becas-para-extranjeros

●オーストラリア　エンデバー奨学金

http://australia.or.jp/endeavour/

中東・アフリカ

●トルコ共和国政府奨学金（学部・大学院）

http://www.turkiyeburslari.gov.tr/

●エジプト政府奨学金

http://www.egyptcesb.jp/scholship.htm

おわりに

最後までお読みいただき、ありがとうございました。ここで、正直に白状しますが、わたしもみなさんと同じように「年齢的にも経済的にも海外留学をあきらめてしまいそうになった」1人です。

学生の頃は、学校行事や実習、部活に明け暮れ、一番苦手な英語の授業はいつも、先生にあてられないよう気配を消す努力ばかりしていました。就職したらしたで、編集プロダクションのハードワークについていくのに必死。「自分磨き」や「ゆとりのある暮らし」なんて言葉とは一番遠くにいました。フリーランスの編集・ライターとなって、はたと気づいたんです。仕事をするうえで、英語が話せないことがこんなにも不自由だということに。そして、もう一つ気づきました。同級生のほとんどが、学生の頃や社会人になって、すぐに留学を経験し、英語がペラペラになっていたということに。その時、わたしはすでに30歳を優に越え、もうワーキングホリデー適用外でした。

フリーランス生活で、ある程度時間の融通が利くようになったものの、何十万、何百万もの留学費用を捻出するのはとても無理という状況は変わりません。しかし、その頃のわたしは取材で海外へ行くことが多くなり、そのたびに通訳の手配をしなければいけませんでした。予算的にそんな余裕がない時は、コーディネーターさんやカメラマンさんに頼んだり、わたし1人で取材の時は留学生のコミュニティサイトで現地在住の人を探し出し、取材当日に初対面の留学生と現地集合ということもありました。最悪なのは、現地通訳の人が遅刻してきたり、すっぽかしたりした時（これ、海外の取材ではよくあります）。人間、危機一髪の時は暑くもないのに大量の汗が吹き出るんですね。

「ああ、英語が話せたら……ちゃんと勉強しよう」

そんな修羅場をくぐり抜けるたびに心に誓い、帰国すると大学付属の社会人向け英語コースに通ってみたり、チケット制の語学学校に入学してみたりしました（今考えると、それらに投じた授業料を合計したら、短期留学くらいはできたかもしれません）。

そんな時、ある業界紙の新聞記事が目にとまりました。ちょうどBPO（＝ビジネスプロセスアウトソーシング。自社の業務プロセスの一部を外部企業に委託すること）の開発・販売・運営をする企業の広報活動をお手伝いしていた時で、コールセンター運営企業やオペレーター向けの業界紙にも目を通していました。そこに、見落としそうなほど小さな記事で「フィリピン・セブ島で日本人電話オペレーター募集。語学学校の授業料、宿泊費、食事、航空チケット無料」と書いてあったのを見つけました。あるＢＰＯサービス企業が打ち出した新しい求人条件をニュースとして報じたものです。

そう、初級編でご紹介した「０円留学」との出会いです。もし、わたしがまったく予備知識のないままこの記事を読んでいたら「そんなうまい話があるはずがない。タダより高いものはない！」と無視していたでしょう。でも、その時のわたしは、オフショアでのコールセンター運営の苦労や人材確保の難しさを内部から知っていたため、この新しい求人方法を「留学したくてもできなかった人にとってアリだ」と感じたのです。何より、自分が挑戦してみたいと素直に思いましたし、同じようにくすぶった留学熱を持ち続ける30歳オーバーに届けたいと願いました。これが、『31歳からのほぼ０円留学』誕生のきっかけです。

幸いなことに、英語がほとんど話せないくせにホイホイ海外の仕事を引き受けてしまうポンコツなわたしの周りには、語学堪能な編集者さんやライターさん、カメラマンさんが集まっていました。これまでも取材先で迷惑ばかりかけてきましたが、迷惑ついでにこの本でもいろいろご相談し、ご協力いただきました。留学したきっかけや、資金の調達法、苦労話、現地でのエピソードなど多くの人に話を聞き、0円留学がいかに難しいか、だからこそ本にする意味があると痛感しました。

外国人留学生が海外で学びながら働く、ボランティア活動をするというのは、難しく大変なことです。特に、アメリカやイギリス、フランスといった人気の留学先では年々、外国人留学生を取り巻く状況が厳しくなっています。学生ビザや就労条件は日々変わっており、それに応じて0円留学ができる国・できない国、その方法も変化していきます。外国人留学生の就労条件が明文化されているケースもあれば、入国審査官や移民局の担当者に判断が任されているケースもあります。今日はOKでも、明日もOKとは限りません。その中で、どうやって0円留学が実現できるのか、できる限りの情報や想定されるトラブルや問題、対処法を紹介しました。

この本が、少しでもみなさんのお役に立てたら幸いです。とりあえず、わたしは英語初級者なので、この本をみなさんにお届けしたら、フィリピンでのマンツーマン・レッスンに挑戦したいと思っています。若い時のように英単語はなかなか頭に入ってきませんが、「通訳が遅刻してもあわてない」新しい自分に出会えることを楽しみにしています。

最後に、この本の企画に目をとめてくださったフリックス編集長の松下元綱様、豊富な海外経験からの的確なアドバイスで一緒に本を作り上げてくださった河部紀子様、そしてこの本を手に取ってくださったあなたに心よりお礼を申し上げます。

『31歳からのほぼ0円留学』が、少しでもあなたの留学の手助けとなりますように。

２０１６年6月

山本知美

※掲載されているすべての情報は、２０１６年6月現在のものとなります。留学条件は日々変わっていますので、最新情報は各関係先や各国大使館・領事館のホームページ等でご確認ください。

著者略歴

山本 知美（やまもと・ともみ）

1969年5月2日、広島生まれ。映画や音楽、アジアエンターテイメントから、旅行、スポーツ、育児、医療系にいたるまで何でも来いの「雑食系」編集・ライター。中学時代から同人誌を発行するほどの本好きで、大学で映像制作を学んだ後、出版編集プロダクションに就職。国内ガイドブックやカタログ誌の編集を経て、あてもないまま勢いで独立。以前からファンであった映画誌の「アルバイト募集」に飛びつき、映画ライターの道を歩み始める。アジアエンタメ誌の編集長時代に味わった海外取材での苦い経験より、アラフォーから一念発起して英語や中国語の語学学校に通うも挫折。自身の「留学難民」経験から、本書を上梓。

編集協力／河部紀子

写真／シャッターストック

Special Thanks

鈴木ネイト美奈子／株式会社 AHGS ／株式会社ワールドプラス／ WWOOF Japan LLP ／独立行政法人国際協力機構／近畿大学／公立鳥取環境大学／京都市立日吉ヶ丘高等学校／中央カレッジグループ／株式会社ブリティッシュ・ヒルズ／大芳産業株式会社／株式会社ナノビレッジ／滋賀英語の家ナノハウス／株式会社 YBM JAPAN

31歳からのほぼ0円留学

2016年 8 月13日　第 1 版発行

著　者　　山本 知美

発行人　　唐津 隆

発行所　　株式会社ビジネス社

〒162-0805　東京都新宿区矢来町114番地　神楽坂高橋ビル 5 階
電話　03(5227)1602（代表）
FAX　03(5227)1603
http://www.business-sha.co.jp

印刷・製本　株式会社光邦
編集担当　松下元綱（FLIX 編集部）
営業担当　山口健志

ISBN978-4-8284-1901-5

ビジネス社の新刊

巴里《パリ》のアメリカ人 パリジェンヌの秘かな楽しみ方を学ぶ【セーヌ川北部編】【セーヌ川北・南部編】

アンジー・ナイルス……著

長坂陽子……訳

最新の流行スポットだけでは飽き足らない――

アメリカ人スタイリスト・アンジーがこっそり教える

パリジェンヌのライフスタイル図鑑

2冊同時刊行！

ISBN978-4-8284-1896-4

ISBN978-4-8284-1895-7

各定価　本体1,400円＋税